AF274402

Guía práctica del Camino de Santiago para peregrinos

Miguel G. Aracil

Plutón
Ediciones

© Plutón Ediciones X, s. l., 2024

Diseño de cubierta y maquetación: Saul Rojas

Edita: Plutón Ediciones X, s. l.,
          E-mail: contacto@plutonediciones.com
          http://www.plutonediciones.com

Impreso en España / Printed in Spain

I.S.B.N: 978-84-19651-76-1
Depósito Legal: B-149-2024

AGRADECIMIENTOS

Ante todo, deseo agradecer las palabras de ánimo que algunas personas me brindaron para que realizara el Camino de las Estrellas, y que, posteriormente, de esta peregrinación intentara confeccionar una "guía" en la línea de mis anteriores libros dedicados a las rutas y caminos por la Catalunya mágica. Concretamente, deseo agradecer los buenos consejos de mi buen amigo y gran escritor de temas astrológicos Miguel Montero, que durante algunos años fue mi asesor y que vivió, en las largas jornadas que duró su camino, experiencias metafísicas y trascendentales.

Gracias a mi esposa Gemma, que me ha acompañado por caminos y carreteras (en automóvil y a pie) por el Camino, desde Puigcerdà a Finisterre, durmiendo en "vivacs", ruinas y en algún caso, en refugios sin la mínima calidad, y que nunca ha exclamado la menor queja.

Y gracias finalmente a "Peter" (simplemente Pedro, me dijo) que, a sus setenta años, y tras recorrer a pie varios miles de kilómetros buscando la verdad por los viejos caminos, aún tuvo tiempo de llenar mi corazón de paz (la cual me era muy necesaria en aquellos momentos) y brindarme la mejor de sus sonrisas, cuando muchos días después lo volví a encontrar a algunos cientos de kilómetros de Santiago, casi "finalizando" su peregrinación (Zúrich - Compostela).

GRACIAS A TODOS.

Dedicatoria

Vaya mi humilde obra dedicada a los millones de peregrinos que gozaron y sufrieron desde el siglo IX, mientras hacían el Camino de Santiago, a la búsqueda de la mayor comunión con el Gran Arquitecto.

De manera muy especial a esos "otros" peregrinos, que, en menos número, y desde el Gran Cataclismo, han recorrido el Camino de las Estrellas, a la búsqueda de sus orígenes y del saber, y a uno de los cuales (Peter o Pedro) tuve la gran suerte de conocer personalmente durante mi Camino.

Prólogo a esta edición

Cuando me pongo a actualizar esta edición, tras años de haber realizado mi Camino de Santiago (de hecho lo volví a repetir años más tarde) se calcula que, unos 32 millones de peregrinos han realizado el Camino desde que este libro vio su primera edición.

Muchas cosas han cambiado en estos años.

Según fuentes oficiales consultadas, el número de peregrinos en el Camino de Santiago en 2022 fue de 438.321. No obstante, es muy difícil calcular el número de peregrinos que van por el Camino de Santiago. Esto es debido a que no existe un lugar oficial de registro de peregrinos. La gente va al Camino y se pone a andar o a rodar en la bici. Fuentes menos oficiales, pero creemos que más ciertas o creíbles, nos han dado la cantidad de aproximadamente 84 mil. Y, en este 2023 en que estamos actualizando esta guía práctica para el peregrino jacobeo se calcula que superarán con mucho los cien mil.

Por dicha razón, hemos actualizado, creemos que bastante, esta guía y, ante todo, ante la demanda e interés existente sobre el hasta hace poco desconocido *Camino cátaro de Santiago* hemos dedicado un capítulo, a este ramal, tan importante en su momento y tan poco, de hecho, apenas, conocido en la actualidad.

Al tema del Camino cátaro le hemos dedicado un capítulo entero que intenta ser un anexo o, mejor, un libro dentro de otro libro para que los interesados en dicha importante herejía medieval puedan empezar sus andares y, si lo desean, recorrer solo el trayecto cátaro.

Por dicha razón, repetimos, este capítulo de los cátaros, aunque pueda parecer una repetición en algunos aspectos del Camino clásico, es un mundo distinto, el cual ofrecemos al lector para que, si lo desea, lo haga como una segunda peregrinación dentro del Camino oficial, o al menos uno de ellos, de la Ruta Jacobea.

MIGUEL G. ARACIL
(Verano de 2023, en algún lugar perdido
y no muy lejano del Camino de las Estrellas)

Prefacio

En una de mis anteriores publicaciones dedicadas a la Catalunya mágica y ancestral, ya comentaba que mi búsqueda necesitaba ensanchar las simples fronteras geográficas de Catalunya, pues el saber se halla en muchos lugares diferentes y todos los buscadores tenemos que seguir el camino, y cuál mejor que este, el de las Estrellas, el de nuestros ancestros, el que nos lleva al "final de la Tierra", en fin, el que ha sido meta y aprendizaje de millones de personas, hombres, mujeres y niños, durante varios milenios (y este punto ya lo aclararemos en páginas posteriores).

Durante mi vida he intentado recorrer este Camino, y siempre por razones ajenas, la tarea se ha visto truncada, en alguna ocasión, incluso por la muerte de algún ser querido. La última vez fue en los primeros días de primavera de 1978, pero mi peregrinar solo llegó hasta Burgos.

Muchos años después, y con una mentalidad completamente distinta, y ante todo con un cambio radical de ideas religiosas, decido hacer el Camino completo, peregrinar en busca de mi paz Interior, y mi decisión me lleva aún más lejos, y me atrevo a escribir esta guía para peregrinos, intentando desde mi humilde labor, imitar a esos antiguos peregrinos que aportaban su pequeña piedra en el amontonamiento lítico existente en la Cruz de Ferro en Foncebadón, a casi mil quinientos metros de altitud, de cara al mítico Teleno.

Sé de antemano que son cientos los libros sobre el Camino de Santiago que se han escrito durante los últimos cien años, e incluso algunos se remontan a la Edad Media. Gran parte de ellos serán mucho más completos que el que tiene usted en sus manos, pero en este intentaré, de todo corazón, aportar algo nuevo, y así, empezaremos nuestra peregrinación desde Catalunya, pues muy poco, por no decir nada, se ha escrito sobre la tradición jacobea en mi tierra natal, y creo que nunca se hizo una guía peregrina que empezara en tierras de Girona para acabar en el Finisterre, camino, por otro lado, que fue muy importante durante siglos dentro de la peregrinación a Santiago, y, lógicamente, en nuestra protohistoria fue recorrido por gentes que hacían su camino de las estrellas atravesando esa gran vena telúrica que recorre todo el norte peninsular, y que ya el hombre primitivo conoció (ver en la bibliografía mí libro *Dioses, megalitos y fuerzas telúricas*) o, por lo menos, intuyó.

En este libro, ahora actualizado, intentaré adaptar el itinerario y la forma de recorrerlo a la época en que nos hallamos, y, como estoy seguro de que la mayoría de personas que utilicen este volumen para hacer su peregrinación lo harán en automóvil, lo adapto a tal factor, recordando que para quien tenga el coraje (y el tiempo) de hacerlo a pie, como en la antigüedad, existe una espléndida *Guía del Peregrino* de Ediciones Everest, en la que podemos encontrar las mayores facilidades para llevar a cabo tal labor, aunque se echa en falta la total referencia a los temas esotéricos y mágicos que naturalmente existen en el camino.

Lo anteriormente citado será otro factor diferente en mí libro, pues en él tendrán una importancia capital las huellas esotéricas que podemos ver constantemente en nuestro peregrinar, y que nos están dando una explicación diferente, un mensaje distinto, que allí está para quien quiera leerlo, para aquéllos que sabemos o, que al menos intuimos, que el Camino se recorre para algo más que visitar la supuesta tumba del hijo del trueno.

Desde el punto de vista esotérico, se escribió un libro muy bien documentado que se tituló en sus varias ediciones: *El camino Iniciático de Santiago*, de ediciones 29, escrito por J. Pedro Morín y Jaime Cobreros. En él echo de menos, ya lo he dicho anteriormente, una referencia al Camino en su recorrido catalán. También mi, siempre admirado, Juan G. Atienza ha desarrollado varias rutas mágicas sobre el Camino de Santiago en alguno de sus libros.

Ya adelanto al lector que en mi libro es factor determinante la peregrinación a Finisterre y Noya, siendo Santiago de Compostela un eslabón importantísimo, pero nunca la meta final del itinerario.

Mis anteriores libros sobre temas esotéricos y parahistóricos han sido criticados o alabados, pero siempre (y perdón por la supuesta inmodestia) se me ha dicho que eran fáciles de leer, y que rehuía el esoterismo "elitista" que emplean algunos autores en sus libros, y que solo es accesible para un número limitado de lectores. Esta obra intenta ser accesible y comprensible para todos, ¡ojalá lo consiga!

Al hablar de la tradición jacobea, también haré referencia a esta en tierras hispanoamericanas, de lo cual creo que se ha escrito bien poco, y que tiene, creo yo, una importancia que debe ser comunicada, para que nos demos cuenta de cómo una leyenda o una tradición se puede universalizar sin trabas de lenguas, razas ni religiones.

He tenido que recoger documentación, que la hay, y abundante, sobre el Camino, hacer las etapas más difíciles (al menos para mí) en diferentes épocas, y, para finalizar, con la mente limpia de las lacras que llenan el quehacer cotidiano del hombre de finales del siglo XX, con sus prisas, sus "tabúes" y complejos, sus impuestos, y todos los factores que desnaturalizan la verdadera talla que puede alcanzar el hombre; he decidido coger un grueso bloc, mi inseparable compañero de viajes representado por un viejo maletín de fotógrafo e iniciar este recorrido que, empezando por tierras ceretanas, lugar de asentamiento templario (Puigcerdà) y larga tradición Noélica (la volveremos a encontrar al final del Camino), terminará en ese Finisterre, que tengo que reconocer sinceramente, al escribir estas líneas, que nunca he visitado, pero que, como digo al principio del prólogo, tengo necesidad de encontrar (¿reencontrar quizá?).

Para terminar, me veo obligado a hacer una aclaración, creo que importante, al lector. Quien esto escribe no pertenece, desde hace bastantes años, a ningún credo religioso, y, por lo tanto, espero que esta guía esté exenta de todo dogma religioso, pero aseguro que tampoco será una elucubración agnóstica. Empiezo el Camino creyendo solamente en el hombre y en su Sumo Hacedor, ese gran arquitecto (llámelo Dios quien así lo desee) al que creo que encontraré en estos cientos de kilómetros de viaje.

Sin más, amigo lector, deseo que el camino le sea del todo positivo y trascendental, y que encuentre, en su recorrido, el sendero espiritual y profundamente humano que debe llevarnos a nosotros mismos para, de esta forma, llegar al todo, ese que todos buscan y que, sin duda, es *Camino entre los Caminos.*

PRIMERA PARTE
BREVE, PERO COMPLETA, REVISIÓN HISTÓRICA

Hablemos, ante todo, y aunque sea de una forma superficial, de quién fue este Santiago que ha llegado a ser patrón de España y que tanta importancia tuvo durante la Edad Media en toda Europa.

Según los hagiógrafos (especialistas en el estudio de la vida de los santos) este hombre era el apóstol que conocemos como Santiago el Mayor, para distinguirlo de esta manera de su compañero conocido por el Menor.

Era hijo del Zebedeo y de María Salomé y hermano de otro apóstol, que conocemos comúnmente como Juan Evangelista. Era uno de Jos hijos del Trueno y se le supone nacido en Betsaida, a orillas del lago Tiberíades, que se cree que fue además cuna de san Pedro y san Felipe.

Siempre se ha considerado a Santiago (si no decimos el menor, supondremos que siempre será el mayor al que haremos referencia) como uno de los apóstoles de más confianza de Jesucristo.

Sabemos con bastante seguridad que Herodes Agripa (11 a.C. al 44 d.C.), nieto de Herodes el grande y en cierta manera marioneta de Calígula, mandó ejecutar a Santiago un ocho de las calendas de abril, o sea, un veinticinco de mayo, día en que Santiago entra a formar parte de la leyenda.

Según esta, tras la muerte de Jesucristo, el apóstol empezó a predicar por Samaria y Judea, pero, al poco tiempo, se embarcó para España, en aquel tiempo bajo dominación romana, y empezó su cristianización.

Los resultados, siempre según la leyenda, fueron bastante descorazonadores, pues el pueblo ni le escuchaba o simplemente se mofaba de él. Dice la tradición que un perro seguía a Santiago por los caminos sin separarse de él. Veremos que la imagen del perro aparece en ocasiones en la Ruta Jacobea, y que tiene su propia simbología, pues algunos lo representan como un conductor de almas, así como al lobo, con el que, en ocasiones, se confunde. Durante el Camino observaremos que otros santos peregrinos como san Roque, por ejemplo, también van acompañados de un can.

Al observar Santiago su fracaso, este regresó a Judea, donde tuvo serios contratiempos con un mago llamado Hermógenes, al cual, después de duros enfrentamientos, logró vencer, y el mago, arrepentido y reconociendo el fracaso de sus artes mágicas ante Santiago, le entregó todos sus grimorios para que fueran quemados, cosa que el apóstol se negó a hacer, y se limitó a arrojarlos al mar (toda la leyenda jacobea está repleta de referencias al mar).

Después de su decapitación, y seguimos con la leyenda, se dice que sus discípulos robaron el cuerpo del santo para que no cayera en manos de los judíos, que le odiaban, y lo embarcaron en una nave que carecía de gobernalle, la cual dejaron en manos de la Providencia, y que, se dice, lo llevó a tierras de la remota Galicia, donde llegaron el octavo día de las calendas de agosto.

Al llegar a tierra, los discípulos descargaron el cuerpo santo y lo depositaron sobre una piedra que, fundiéndose como cera, se "transformó maravillosamente en un sepulcro". A partir de aquí empiezan unas andanzas llenas de simbología, pues no cabe la menor duda de su falsedad histórica, sobre una "reina de España" de nombre Loba (aquí podemos encontrarnos con reminiscencias del culto a Lug, muy extendido en el norte español) y unos bravos "toros", animal simbólico y lleno de raíces esotéricas, que al ser bendecidos por el signo de la cruz, se convirtieron en "animales mansos como corderos", y a los que uncieron a un carro para transportar las sagradas reliquias. Los animales, dice la misma leyenda, sin que nadie los condujera, llevaron los restos hasta el palacio de la reina Loba, la cual quedó tan impresionada por aquel extraño hecho que consagró su palacio a Santiago.

Pintura de Santiago Apóstol

Esta es solo una de las muchas e interesantes leyendas llenas de simbolismo que existen alrededor de la figura de Santiago.

Una de las leyendas, en este caso de índole local, dice que el lugar exacto de la llegada del barco fue el fondo de una ría, lugar conocido entonces por Iria Flavia, que posteriormente fue denominado Padrón.

Hay otra leyenda que nos habla del transporte del cuerpo hasta un monte (Pico Sacro) desde donde se condujo, más tarde, a un lugar que tiempo después se conocería como Arca Marmórica y fue sepultado, olvidándose con el tiempo el lugar exacto de su ubicación.

Solamente ponemos estos ejemplos de leyendas jacobeas, pues son muchas las existentes, pero por poco que nos esforcemos en pensar, veremos la falsedad de todas ellas, que no son otra cosa que mensajes llenos, en muchas ocasiones, de un doble sentido esotérico.

En el caso muy improbable de que un grupo de seguidores del apóstol se hubiera embarcado con su cuerpo en una nave sin gobierno (gobernalle), y en el extraordinario caso de que esta no hubiera sido hundida por las olas, o destrozada contra las rocas de cualquier costa, hemos de hacer justa referencia a la imposibilidad de que el navío cruzara el Mediterráneo, el peligroso estrecho de Gibraltar, remontara el Atlántico, y fuera a parar a una ría gallega.

Otro factor que niega la llegada de Santiago a tierras españolas incluso para predicar, nos la aportará Apolonio, que nos recuerda que había recibido noticias del mártir Trasea, según las cuales Jesucristo prohibió que los apóstoles salieran de Jerusalén a predicar durante los doce años transcurridos después de su muerte, aunque esta es una prueba muy subjetiva, pero que merece ser mencionada, pues Santiago fue asesinado en la década de los cuarenta del siglo primero, por lo tanto, algo no concuerda en estas noticias.

Donde ya empieza la verdadera historia es en el siglo IX, en el año 814 (algunos autores dicen que fue en el

813), en que un ermitaño de nombre muy significativo, Pelagio, fue avisado, por unas extrañas luces, del lugar donde se hallaban los restos del apóstol. Son innumerables las ocasiones en que el descubrimiento de reliquias es debido a la aparición de extrañas luces, y tenemos un ejemplo muy claro en la trabada de la santa patrona de Catalunya, la Moreneta, que fue hallada por un campesino (otros dicen un pastor) que vio sobre la santa cueva unas luces brillantes, que indicaban el lugar exacto (para más información, ver mi libro *Montserrat, montaña mágica*).

La noticia de tal hallazgo llegó a oídos de Teodomiro, obispo de Iria Flavia, que fue a visitar el lugar y, se dice, que encontró un sepulcro de claro origen romano o, por lo menos, su estilo pertenecía a tal época.

Poco después, el rey de Asturias Alfonso II, llamado el Casto, hijo de Fruela y que había instalado su corte en Oviedo, decidió edificar, sobre el lugar del hallazgo, una pequeña basílica de piedra y arcilla, cuestión esta que ponen en entredicho algunos autores, como, por ejemplo, Louis Charpentier, al que alguien denomina "cascadeur" del esoterismo, de lo cual desconozco el motivo, pues sus teorías me parecen, en muchos casos, válidas y tan serias como las que más. Hemos de hacer constar que el lugar estaba rodeado por necrópolis antiguas y castros de origen celta[1].

1   Sobre el origen del nombre Compostela existen serias dudas, y vemos muy difícil que se sepa su verdadero origen, pues, mientras unos aseguran que proviene de "campo de las estrellas", debido a las luces que se vieron en el cielo cuando el descubrimiento de la tumba, otros aseguran que su nombre deriva de "compostum" que quiere decir cementerio o lugar de enterramiento. Recordemos que ya hemos mencionado anteriormente que en la zona existían algunos castros y, por consiguiente, algunos lugares de enterramiento para sus habitantes.

Es a partir de la batalla de Clavijo, de la que no se sabe nada a ciencia cierta, pues, mientras unos la atribuyen a las huestes de Ramiro I en su lucha contra los musulmanes, otros dicen que la libraron las fuerzas de Ordoño I combatiendo al ejército de Muza Banu Qasi, la cuestión es que, según la leyenda, apareció un brillante caballero montado en un reluciente corcel[2], que atacó bravamente a los musulmanes, decidiendo, con su bravo comportamiento, la victoria hacia las armas del rey asturiano (sea el que fuere). A partir de ese supuesto hecho, nace la tradición del "Santiago matamoros" que tanta tinta ha hecho correr durante siglos en nuestra querida piel de toro, y que ha servido en ocasiones como factor ultranacionalista, dependiendo del régimen político existente.

Fue en tiempos del rey Alfonso III y, principalmente, con la ayuda del obispo Sisnando, cuando se edificó la segunda basílica, de mayor tamaño, y en la cual se utilizaron materiales nobles como el mármol y el basalto, entre otros.

Pero, en aquellos tiempos de constantes incursiones militares por ambos bandos, de muy poco iban a servir tan bellos elementos arquitectónicos, pues en tiempos del

---

2   En el capítulo dedicado a las tradiciones jacobeas en Hispanoamérica nos encontraremos que a lo largo del siglo XVI (y también a principios del siglo siguiente), las apariciones de "relucientes" caballeros montados en blancos corceles, se repiten en varias ocasiones, decantando, con su intervención, el éxito siempre hacia los portadores de la cruz. Para quien quiera profundizar en el tema, desde un punto de vista ufológico, les recomiendo el excelente libro de Andreas Faber Kaiser, editado por Planeta, que lleva el sugerente título *Las nubes del engaño*, en su capítulo titulado "Apoyo aéreo para una conquista fulminante".

gran caudillo musulmán Almanzor[3], Ol y siendo obispo san Pedro Mezonzo (en aquella época la diócesis había dejado de estar en la población de Iria Flavia), las tropas árabes, en una atrevida "razzia", llegaron a la misma Compostela, y destruyeron la catedral, pero, por alguna extraña razón (quizá aconsejado por algún sabio sufí), se respetó la tumba donde se creía que reposaban los restos del apóstol, lo cual es bastante chocante, si pensamos que el líder africano entró a caballo en el recinto sagrado, e incluso, en una muestra de falta de respeto total a los vencidos, abrevó su caballo en la fuente del sagrado edificio, además de apoderarse de las campanas del templo, las cuales hizo conducir a hombros de cristianos, hasta la, en su tiempo importantísima, ciudad de Córdoba. Algunos siglos después estas mismas serían devueltas a su lugar de origen, a hombros de sarracenos.

Algunos años después, el ya mencionado san Pedro Mezonzo, famoso también por haber inventado la Salve (según la tradición), hizo reconstruir la Catedral.

Esta ha sido, de manera resumida, la 'historia oficial' del origen de Santiago de Compostela, pero seguidamente, nosotros vamos a remontarnos en el tiempo para tratar "otra historia" o, si lo quieren, para investigar en la parahistoria, en la que encontraremos unos orígenes diferentes a los expuestos anteriormente.

---

3   Almanzor, sobrenombre de Muhammad ibn Abu Amir, canciller del califa Hisam JI, es sin duda una de las personalidades más importantes del mundo hispano-musulmán de la Edad Media, y llevó a cabo más de cincuenta campañas victoriosas contra los cristianos, llegando incluso a Barcelona, donde destruyó gran número de edificios civiles y militares.

Estatua de san Pedro Mezonzo

La parahistoria, o la historia no escrita

Desde el más oscuro origen del hombre parece ser que han existido peregrinos que, atraídos por un lugar sagrado, y por lo tanto mágico, han acudido a visitarlo, sea por devoción, sea en busca de paz espiritual, de una recuperación para alguna patología (Lourdes o Fátima en la actualidad), de una necesidad de tener una aproximación mayor con lo divino, o participar y sacar provecho de la presencia y virtudes purificadoras de un lugar en concreto (fuerzas telúricas). En algunos casos se peregrinaba (y todavía se hace en la actualidad) como penitencia por alguna falta o pecado, y también muy importante, en algunos casos, pueblos enteros peregrinaban en busca de sus orígenes.

Desde la prehistoria, pasando por los egipcios, chinos, hindúes, celtas, griegos, romanos o musulmanes, las peregrinaciones han desempeñado un papel esencial en la vida colectiva de las culturas, así Delfos, Éfeso, Mathura, La Meca, Eleusis, Madrás, o algunos monasterios tibetanos, han sido centros que han atraído a gentes durante milenios. En la actualidad encontramos aún peregrinaciones masivas a Montserrat, Roma, Mont-Saint Michel, o los lugares supuestamente milagrosos (Vírgenes de Lourdes, Guadalupe, Montgrony, etc.)

Estas peregrinaciones han sido de carácter votivo, expiatorio, de purificación o iniciático, pero indudablemente entre todas ellas, y centrándonos en la cultura occidental, ninguna puede ser comparada con la jacobea, e indudablemente no hay ninguna con una antigüedad similar a esta.

Personalmente, estoy convencido de que, desde hace milenios, algunos buscadores ya seguían el Camino de las estrellas (en aquel tiempo la palabra Santiago nada decía) buscando la gran tradición que, a partir del siglo X, y principalmente desde el siglo XI con la expulsión de los musulmanes del norte peninsular, fue aprovechada por los poderes eclesiásticos para cristianizar aquel Camino, que, aún lleno de peligros, era transitado por toda clase de heterodoxos que buscaban una realidad superior que la Iglesia cristiana quizá no aceptara, pero que intuía o sabía que estaba allí.

De esta forma, a partir del siglo X y principios del XI, el Camino se convierte en paralelo de dos realidades bien diferentes: por un lado están los cristianos que por un voto, por una exculpación, e incluso, en ocasiones, por dinero, pagados por algún rico pecador que creía que podía comprar el perdón de sus pecados enviando a un asalariado a Compostela para ganar las indulgencias, recorren las duras sendas, ascienden por los nevados puertos de montaña, y, por fin, llegan a Santiago para ganar el Jubileo y el perdón.

Pero, junto a estos últimos, también recorren el camino unos personajes distintos, que, aunque en apariencia sean iguales, su realidad es otra: nos referimos a los magos, alquimistas, místicos, cabalistas, templarios, sabios impregnados de esoterismo, iniciados que en algunas ocasiones pertenecen a culturas diferentes y religiones no cristianas. Que nadie me tache de especulador cuando digo que estoy seguro de que muchos sufíes musulmanes disfrazados siguieron el Camino al igual que místicos cristianos llegaron, mimetizados con la multitud, a la Meca. Y, por último y sin duda con una gran importancia, también siguieron el Camino, y además dejaron su espléndida huella los Iniciados Constructores, que ayudarían a convertir la Europa oscurantista de la Alta Edad Media, en la cultura rica y próspera del románico y el gótico.

Algunos autores remontan la peregrinación al tiempo de los celtas; pues bien, yo, personalmente, creo que es muy anterior en el tiempo, y que el hombre del neolítico ya se dirigía en muchas ocasiones hacia el Finisterre en busca de (cito palabras de Juan G. Atienza): un recuerdo, una presencia o una realidad trascendente.

Con el Camino, al igual que con muchos santos lugares del culto, monumentos prehistóricos y demás factores religioso-mágicos, se ha realizado un sincretismo que, desde los primeros siglos del cristianismo, ha sido constante en la Iglesia católica.

Estos heterodoxos han dejado unos mensajes en la piedra, en el camino, en todo aquel lugar que puede ser observado por los peregrinos, para comunicarles esa otra realidad. Así, veremos extraños símbolos en las iglesias, que no son nada más que mensajes alquímicos o herméticos; no podemos olvidar que algunos alquimistas daban a la Gran Obra el nombre de Camino de Santiago, pues durante esta peregrinación se puede llegar a la verdadera transmutación de la materia en espíritu, y se puede llegar a "nacer" de nuevo dentro de una realidad más interior y más pura.

Veremos la eterna espiral símbolo del nacimiento y muerte iniciática en muchísimos lugares del Camino, algunos de ellos tan escondidos que verdaderamente se han de buscar, como, por ejemplo, la preciosa y recoleta iglesia de Saga, en pleno llano ceretano, o los batracios de doble simbología, rosas y espinos que nos hablan del secreto o del renacimiento según las diferentes tendencias iniciáticas, y otros muchos símbolos que nos obligarán a ir con los ojos bien abiertos para ver, los oídos alerta para escuchar y el cerebro limpio para poder asimilar toda la sabiduría que se puede recoger a través del camino.

Al hablar de la parahistoria, voy a intentar, por todos los medios, evitar las especulaciones sobre la Atlántida, los misteriosos ligures o el origen enigmático del pueblo vasco, que algunos autores mezclan con el Camino de Santiago, muchas veces, creo yo, más para llenar páginas que porque exista una verdadera relación entre los unos y lo otro. Para mí, solo la supuesta existencia de la Atlántida puede tener alguna relación con esa búsqueda de sus orígenes que algunos han ido a buscar en el Finisterre.

Como este libro intenta ser una guía para el buscador y no un volumen exclusivo sobre pueblos enigmáticos de la península ibérica, tema este de indudable interés, me limitaré al final de la obra a dar una bibliografía que yo creo que puede ser de utilidad en este aspecto para las personas que se interesan sobre el misterio vasco, los celtas, los ligures o los llamados pueblos malditos (vaqueiros, agotes, etc.). Muchos de los aspectos de la historia mágica del Camino, los reservo para ir relatándolos sobre la marcha, para, de esta manera, facilitar al lector su estudio en el propio lugar, o sea, la investigación "in situ" que, a mi parecer, es de más fácil comprensión.

Tengo que confesar, amigo lector, que la investigación de campo durante el Camino es más difícil de lo que cabe pensar. Durante los muchos kilómetros que recorreremos, encontraremos huellas casi imperceptibles de antiguos pueblos que apenas nos han dejado más que algunas piedras labradas que han aparecido después de alguna campaña arqueológica, y que pertenecen a pueblos oscuros, algunos de ellos originarios incluso de Asia Menor, y que muy posiblemente se establecieron mientras efectuaban el regreso a lugares que, desde hacía siglos, habían sido sagrados para ellos.

Nos encontraremos, en diversas ocasiones, principalmente entre tierras catalanas y gallegas, lógicamente por su cercanía al mar, con leyendas que nos hablan de los (en plural) Noés que llegaron a nuestras tierras, provenientes de lugares que actualmente casi podríamos decir que pertenecen a la leyenda, o, más concretamente, al mito (que son dos cosas bien diferentes).

Veremos que durante el Camino se repiten las historias que nos hablan de los gigantes (ver el libro de Charpentier sobre el tema, que se incluye en la bibliografía) y que, por poco que estudiemos el tema, veremos que no es un mito, sino que tiene todos los matices de ser una realidad, apoyada en el hallazgo de restos humanos gigantescos en pleno Camino catalán (Pirineo ceretano).

Que el Camino fue recorrido en tiempos anteriores al cristianismo creemos que quedará suficientemente claro al terminar el libro, al igual que también intentaremos dejar justificado que en todo el norte de España (al igual que en otras zonas de Europa, principalmente Francia y Suiza) existió un culto muy importante al dios Lug.

En fin, que existe otra historia bien diferente de la que interesa a los historiadores oficiales, empeñados solamente en el trabajo de averiguar (que lógicamente también es importante) si aquel puente lo mandó hacer Alfonso XI o García el Mayor, o si doña Urraca dio doscientos sueldos en vez de quinientos para la edificación de aquella ermita en pleno camino jacobeo.

Esperemos que el lector capte la idea de que existe una historia diferente, una parahistoria (historia paralela) que es, como mínimo, tan importante como la oficial.

LOS PEREGRINOS

Acudían de todas partes de Europa, Asia, África, en fin, de todo el mundo conocido. Llegaban por diferentes rutas, pero todos ellos coincidían al atravesar esa gran vena telúrica que es recorrida por el paralelo 42.

Del centro de Europa y, principalmente, de Francia, iban convergiendo cuatro grandes rutas, la de París-Tours, la de Vézelay y la del Puy, las cuales convergían aproximadamente en Ostabat. La cuarta ruta venía de Arlés para llegar a Somport, pero, lógicamente, existían otras de las que ya hemos mencionado que se ha hablado poco, como la que, viniendo de Narbona, llevaba a tierras catalanas, concretamente por la zona de la Cerdeña (de la que hablaremos largamente) pasando por Puigcerdà, ese enclave templario y esotérico, y de allí, pasando por tierras catalanas y aragonesas, se unía con la de los peregrinos que entraban por Jaca. Este camino, por más desconocido, merecerá que le dediquemos un capítulo especial.

Había gentes que venían del levante español, o que procedían de las costas catalanas y que ampliaban su peregrinación visitando Montserrat, Poblet, e, incluso en algunos casos, se desviaban hacia Ripoll, empalmando con el camino ceretano.

En el peregrino encontramos todas las capas sociales, gentes con la alegría de la fe, gentes, como antes ya hemos dicho, que se veían en la obligación de peregrinar por penitencia y castigo de alguna falta, y que en ocasiones se dio el caso de que esta pena se encargaba a otro, si el culpable era hombre adinerado, encargando al peregrino-asalariado que parte de la gloria de la peregrinación la reservara para el acaudalado pecador.

Grabado de romeros y peregrinos medievales

Los romeros acostumbraban a llevar ropajes y enseres muy parecidos, por lo que nos ha llegado el arquetipo de peregrino de una forma casi uniforme, pero hemos de pensar que en general su equipo era el normal de cualquier viajero de su época, o sea, un ropón corto, para de esta manera no entorpecer la marcha, una capa y un ancho sombrero que sirvieran tanto para guarecerse de la lluvia, como del sol y el frío. El bordón, que en muchas localidades se les entregaba en el momento de empezar su larga marcha, era solamente un grueso y práctico palo que les servía tanto para ayudarse en las largas marchas, como para defenderse de animales y los tan abundantes malhechores y bandidos, muchas veces extranjeros, que llenaban todo el Camino, aunque en algunas zonas, como en los Montes de Oca, eran mucho más numerosos, creando, en algunas ocasiones, verdaderos impuestos de peaje y, en casos peores, llegando al asesinato de los pobres romeros, razón por la cual llegaron a formarse grandes grupos (a veces de distinta nacionalidad) de peregrinos que viajaban todos juntos para poder defenderse de los indeseables, labor a la que después ayudarían las órdenes militares. El zurrón, también llamado esportilla, era preferentemente de piel de ciervo, y era costumbre llevarlo abierto en señal de confianza y buena fe. La calabaza era, lógicamente. una necesidad, pues en ella se llevaba el agua, elemento tan importante para el caminante. Normalmente era de pequeño tamaño y se llevaba atada al bordón o a la cintura con alguna cuerda o cinto.

**Estatua medieval de peregrino
con zurrón tradicional**

El lector se habrá hecho, con esta pequeña descripción del atuendo del peregrino, una imagen que ya conocía, y seguro que se preguntará sobre el olvido de una pieza fundamental en el equipo del romero jacobeo: la concha o vieira, de esta hablaremos luego más extensamente.

A lo largo del Camino y con el mayor auge de la peregrinación, fueron apareciendo las instituciones hospitalarias fundadas tanto por órdenes religiosas, como por reyes y nobles, y en algunas ocasiones (no demasiadas) por algunos particulares que dejaban en su testamento alguna propiedad o alguna suma de dinero para ayudar a los peregrinos. En algunas zonas y principalmente en algunas épocas mucho más concurridas, los romeros se veían en la necesidad de alojarse en alguna posada, pues las hospederías jacobeas estaban a rebosar y no cabía nadie, lo que obligaba a los caminantes a recurrir a sus propios fondos.

La llegada a Compostela, pues la mayoría de los católicos que eran ajenos a los movimientos o filosofías heterodoxas no seguían hacia Finisterre, se celebraba con gritos de alegría y con un baño purificador para dejar atrás los sinsabores del camino y las impurezas espirituales que podían llevar en su alma, aunque otros autores, como es el caso de Louis Charpentier en su interesante libro *El misterio de Compostela* de Plaza-Janés, nos dice literalmente: "Era tradicional lavarse minuciosamente en la fuente de Lavacola, cuyo significado popular atenta al decoro y deja suponer malignamente que los peregrinos, al terminar su viaje, se preparaban para otros combates distintos a los espirituales". Quede aquí la opinión de este investigador, y digamos que puede ser que en algún caso fuera esto cierto, aunque a mi parecer creo que sería en ocasiones contadas que sucedería tal lavaje, y que una gente llena de espiritualidad y fe, que había recorrido en ocasiones miles de kilómetros, más bien se lavaría no por razones fisiológicas,

27

si no simbólicas, como limpieza de impurezas morales. Era costumbre, al llegar a la catedral, velar toda la noche, entonando cánticos y alabanzas que eran acompañados por todo tipo de instrumentos de la época, como tímpanos, trompetas, violas, cítaras, ruedas y salterios de diferentes tamaños, mientras se oía rezar en tantas lenguas como se hablaban en Occidente y países como Armenia, Georgia y aún más lejanos.

Al amanecer, antes de la primera misa de la jornada, se hacían ofrendas bajo las órdenes de sacerdotes que conocían las diversas lenguas.

Era entonces cuando la peregrinación llegaba a su fin, aunque solamente desde el punto de vista espiritual, pues aún quedaba el duro regreso, que lógicamente era tan peligroso como la ida.

En circunstancias normales, se dice que la tercera parte de los pecados eran perdonados, de forma automática, pero si el peregrino acudía a Santiago en un año en que la festividad del santo coincidía en domingo, o sea lo que se conoce como año santo Compostelano (privilegio que se remonta a los tiempos del papa Calixto XI), la indulgencia era plenaria, siempre, claro, que existiera una verdadera contrición por parte del romero.

En otras ocasiones se podían perdonar penas equivalentes a cuarenta, cien o doscientos días de purgatorio, o sea, como dijo Mercedes Reig: "Existía una compleja casuística relacionada con el rito de la purificación en que culminaba el largo viaje". Pero como ya veremos más adelante, el viaje terminaba en Santiago solo para algunos, la mayoría, pero, para los otros, la peregrinación continuaba. En la actualidad, los peregrinos siguen acudiendo a Santiago (y los menos a Finisterre), han cambiado el zurrón de piel por la mochila de viaje, el bordón curiosamente sigue utilizándose en muchos casos, la gente lleva su cámara fotográfica y los nuevos objetos clásicos de nuestra época, pero lo que sí podemos asegurar, por lo que hemos vivido, hemos hablado con ellos, les hemos preguntado por qué peregrinaban desde sus tierras, que en muchos casos estaban incluso a miles de kilómetros, y estoy convencido de que sus razones, aunque diferentes en algunos matices, pues casi ninguno de los peregrinos actuales con los que hemos hablado, teme las penas del fuego del infierno, es que su fe les lleva a caminar por senderos áridos, helados collados, durmiendo en ocasiones en incómodos "vivacs", pero llevándolo todo con un estoicismo y, en ocasiones, con una alegría que es contagiosa. Personalmente, recomiendo al lector, que si se decide a hacer el Camino, se tome la oportunidad de parar su automóvil (o motocicleta) cuando se cruce en la carretera con una de estas personas que, cargadas con enormes mochilas, van haciendo Camino, que les ofrezca algo de beber (agua, refrescos), que les pregunte su origen, que se comunique con ellos, pues les aseguro que el verdadero peregrino, quizá debido a su soledad, o al estado emocional (siempre positivo) que tiene en aquellos momentos, agradece unas palabras, una sonrisa, y en algunos casos, ¿por qué no decirlo? una ayuda que en algunos casos puede ser un dato sobre kilometraje, o simplemente una tirita para alguna pequeña herida ocasionada por las botas (todo esto lo sé por experiencia). Son deliciosos los momentos que podemos disfrutar después de la frugal cena, comentando con estos romeros actuales, que te cuentan, en la puerta de cualquier hospedería, sus experiencias del viaje.

**Peregrinos modernos
del Camino de Santiago**

En fin, aconsejo al lector que, si tiene la posibilidad de hablar con uno de estos peregrinos (mayormente extranjeros), no la desaproveche, pues será una experiencia enriquecedora, y quizá las palabras de un romero nos enseñen muchas cosas sobre el Camino, desde un punto de vista espiritual, y también humano.

El Codex Calixtinus

En tiempos de esplendor de las peregrinaciones, un clérigo francés de nombre Aymeric Picaud, nacido según se cree en Parthenay-les-Vieux en la segunda mitad del siglo XII peregrinó hacia Santiago de Compostela hacia el año 1123, y compuso una obra que se ha venido conociendo como *Códice Calixtino* por atribuirse falsamente su composición al papa Calixto II. Su nombre, efectivamente, encabezaba varios capítulos de dicha obra, y una carta suya le sirve de prólogo-presentación. Actualmente se reserva este nombre de *Codex Calixtinus* para el manuscrito de 225 folios con bella escritura del siglo XII que se conserva en el Archivo Catedralicio de Santiago de Compostela. Existe una copia, desgraciadamente incompleta, del monje del monasterio catalán de Ripoll, en el Pirineo de Gerona, Arnald del Monte, efectuada en el año 1173, del que solo se conservan 86 páginas, y que se encuentra en el Archivo de la Corona de Aragón de Barcelona, con la signatura número 99 del Fondo de Ripoll.

La obra consta de cinco volúmenes, y aunque sigue siendo un misterio su origen, es fácil de asegurar que fueron escritos por personas distintas en tiempos diferentes.

Los volúmenes que lo componen son los siguientes:

I. Conjunto de sermones y liturgias para oficiar a Santiago.

II. Colección de veintidós milagros supuestamente obrados por el apóstol Santiago en diferentes países de Europa.

III. Nos relata el traslado del cuerpo de Santiago a Compostela.

IV. Se le conoce como el pseudo Turpín por atribuirse su realización a Turpín, arzobispo de Reims.

Y el V, o "Líber peregrinationis", el que con toda seguridad sí fue escrito por el monje peregrino. En la actualidad tanto su encabezamiento como su "explicit" lo numeran como "liber III" o "Codex quart" por haber sido desgajado el libro IV, el conocido como pseudo Turpín a principios del siglo XVII y pasar, lógicamente, el quinto a ser el cuarto.

**Manuscrito del Códex Calixtinus en el Archivo
Catedralicio de Santiago de Compostela**

Es un pequeño pero interesante libro de viajes, donde se reúnen anécdotas explicadas de forma muy personal, consejos morales, descripciones geográficas e incluso algunas de carácter nacionalista (su opinión de los navarros es muy dura), habla y describe las aguas de los ríos, diferenciando las corrientes fluviales venenosas, de las frescas y sanas, y muestra gran interés en describir (siempre desde un prisma muy francés) los pueblos que visita.

Indudablemente es un libro de un gran valor, y lamentablemente no todos (yo diría que casi ninguno) los viajeros que emprenden el Camino, lo consultan en alguna de sus traducciones al castellano (ver al final del libro la bibliografía que brindamos al lector).

Ofrecemos a nivel anecdótico el índice del libro de Aymeric, para que el lector se haga una idea del contenido de dicho volumen en el caso de que lo desconozca:

Capítulo I: Los itinerarios hacia Santiago.

Capítulo II: Las jornadas del Camino de Santiago.

Capítulo III: Los nombres de las villas del Camino.

Capítulo IV: Las tres casas asistenciales del mundo.

Capítulo V: Los nombres de quienes repararon el Camino de Santiago.

Capítulo VI: Aguas saladas y dulces del Camino.

Capítulo VII: Descripción de las tierras y gentes que encontramos en el Camino de Santiago.

Capítulo VIII: Visita a los sepulcros de los santos en el Camino. La pasión de san Eutropio.

Capítulo IX: Características de la ciudad e iglesia de Santiago.

Capítulo X: Distribución de las ofrendas presentadas al altar del santo.

Capítulo XI: De la acogida que hay que brindar a los peregrinos que llegan a Santiago.

Con estas líneas creemos que el lector podrá hacerse una idea del contenido de este antiguo manual del peregrino y que el autor garantiza que es de gran interés para el estudioso del tema jacobeo.

En el primer capítulo, que hace referencia a los itinerarios que conducen a Santiago, hace referencia solamente a los caminos que vienen desde Francia (ya existía el chauvinismo en aquel tiempo), ignorando incluso el camino que viene de Jaca, que será el que nosotros vamos a seguir desde Puigcerdà.

Este monje, que posiblemente fue enviado a Compostela por orden del Cluny, monjes muy interesados en el Camino (pensemos que el papa Calixto XI pertenecía a esta orden religiosa), dividió la peregrinación en jornadas que aún hoy se tienen en cuenta a la hora de peregrinar.

Vamos a referir estas, para mayor información del lector, pues en algunas guías del Camino se ignoran, e indudablemente vale la pena conocerlas para imaginarnos más fielmente cómo eran las peregrinaciones en la antigüedad, y, además, si el lector quiere, irlas aplicando mentalmente en este libro, en su segunda parte, la que será propiamente la guía del Camino.

Desde Somport a Puente la Reina (se refiere al navarro, no lo confundamos con el aragonés) hay solo tres cortas etapas. La primera va de Borce hasta Jaca, la segunda de Jaca a Monreal, la tercera de Monreal a Port de Cize. (En estas líneas se aprecia la ignorancia y desinterés hacia este ramal del Camino.)

Continúa después con más interés: de Port de Cize hasta Santiago hay trece etapas. La primera va de la villa de Saint Michel, situada en la falda del Port de Ceize (o Cize) en Gascuña, hasta Viscarret; es una etapa pequeña. La segunda va de Viscarret a Pamplona, y también es una etapa pequeña. La tercera va desde la ciudad de Pamplona hasta Estella. La cuarta va de Estella hasta la ciudad de Nájera, claro está, a caballo. La quinta va de Nájera hasta la ciudad llamada Burgos, igualmente realizada a caballo. La sexta va de Burgos a Frómista. La séptima, de Frómista a Sahagún. La octava va de Sahagún a ciudad de León. La novena, de León a Rabanal. La décima, de Rabanal a Villafranca, en la embocadura del valle del río Valcarce, pasado el puerto del monte lrago. La undécima, de Vilafranca a Triacastela, pasado el puerto del monte Cebrero. La duodécima, de Triacastela a Palas del Rey (actual Palas do Rei). La decimotercera, en fin, de Palas de Rey a Santiago, siendo muy moderada.

Mapa del Camino alrededor del siglo XII

Esta es exactamente la relación de jornadas que nos da Aymeric, que lógicamente era muy relativa, pues el violento monje (así nos los describe la historia: hombre de genio fuerte y mal carácter) nos está hablando de un trayecto de aproximadamente setecientos kilómetros, que, repartidos en trece etapas, nos da una media de cincuenta y cuatro kilómetros, algunas de ellas muy desproporcionadas, pues mientras en la primera solo existían por el viejo camino unos veinte kilómetros, en la quinta, de Nájera a Burgos, se tenían que recorrer ochenta y cinco kilómetros por duro e inhóspito camino. Por lo tanto, hemos de hacer un caso relativo a las jornadas sugeridas por el sacerdote francés.

Con estos datos creemos haber dado una idea, esperemos que bastante clara, de lo que era el camino jacobeo en el siglo XII.

La vieira: iniciación y fecundidad

Vamos a intentar referir algunas de las teorías (pues hay varias) que hacen referencia a la concha o vieira, gran signo compostelano, como símbolo de iniciación e incluso de fecundidad.

Son muchos los objetos o símbolos que representan el sexo femenino como factor de nacimiento e incluso de resurgimiento. En ocasiones, se ha intentado simbolizar e incluso aparejar la cueva con la concha como factor de muerte y nacimiento en una nueva vida (muerte iniciática); y relacionar la concha con el agua, en cuanto a elemento purificador de todas las religiones.

El evidente parecido de algunas valvas con el sexo femenino, ha motivado, quizá, su gran importancia como portadora de virtudes mágicas y, sobre todo, su condición de elemento mágico.

El nacimiento de Venus, Sandro Botticelli

Ya los antiguos griegos, con su famoso mito de Afrodita (o Venus, para los romanos) naciendo de una concha ilustran perfectamente esta ligazón mujer-concha. Es, en ocasiones, este sentido de parto-nacimiento-regeneración lo que inspira la función ritual de la concha en muchas civilizaciones y culturas, algunas separadas por milenios.

Esta simbología está representada en cientos de mitos y leyendas, e incluso, en ocasiones, en palabras de uso todavía actual; así, en algunas zonas de Dinamarca, a algunas ostras y vieiras las denominan "kudefisk" derivando de la palabra del mismo idioma "kude", que quiere decir vulva, refiriéndose al sexo de la mujer. En Japón las mujeres llevan las conchas de ostras o demás conchas de bivalvos como protección de su fecundidad, y ha llegado hasta nosotros, de una forma un tanto desdibujada, la inclinación que casi todas las mujeres tienen hacia las perlas, que al fin y al cabo, son el fruto de las ostras.

En Asia existe una tribu que recibe el nombre de "akamba" y que practica el curioso ceremonial de llevar un cinturón de valvas muy parecidas a nuestra vieira, pero este cinto solo lo llevan las mujeres que aún no han tenido descendencia, pues cuando su fecundidad ya está asegurada, se lo quitan de inmediato.

Veremos que no solo en el camino jacobeo nos encontramos con la vieira como objeto sagrado e iniciático, sino que en muchas iglesias de toda Europa podremos observar que este símbolo (quizá arquetipo) se encuentra en las pilas bautismales, junto al agua bendita (siempre la relación vieira-agua). El agua contenida en la inmensa vieira hará del recién nacido un hombre cristiano y, en muchos casos, lo purificará de por vida.

Escultura de una vieira en una pared de Santiago

Es curioso, como ya apunto en mi libro *Dioses, megalitos y fuerzas telúricas* (Ediciones Arbor), que en muchas capillas se observan, semi escondidas en sus paredes, pequeñas vieiras que nos vienen a recordar los factores de la fecundidad y la iniciación (ligados a la purificación). En algunas ocasiones ha sido la misma Iglesia quien ha intentado esconder o soterrar este símbolo esotérico y arcano.

Algunos autores versados en la ciencia alquímica (que tanto se plasma durante el Camino) aseguran que la concha se utilizaba en la ciencia hermética para representar el mercurio, es decir el agua bendita de alquimistas y hermetistas, que por conocer también al mercurio con el nombre de peregrino o viajero, es emblema de todos aquellos que toman el camino para intentar encontrar la verdad y el saber.

Hay incluso investigadores que relacionan la vieira o concha peregrina con la pata de oca, de la cual derivaría esta última. No olvidemos que durante el Camino jacobeo encontraremos diversas referencias a la oca (ánsar, ánade, ganso, etc.), e incluso zonas que llevan su ocultista nombre (Montes de Oca).

Pensemos que, en muchas tribus celtas, la oca era una mensajera de ese otro mundo que todos aspiramos a habitar y, sobre todo, a comprender. Durante muchos siglos, y principalmente en todo el Pirineo, el signo de la oca era empleado por canteros iniciados en la arquitectura sagrada para relacionarse entre ellos y dejar su mensaje. Estos signos criptolíticos perduraban todavía en España hasta bien entrado el siglo XVIII.

Hemos de hacer constar, a su vez, que en muchos lugares de culto al dios protohistórico Lug se encuentra, a su vez, el signo de la pata de oca, o bien topónimos que hacen referencia a ella.

Símbolo de la pata de oca

Aún en la actualidad este símbolo de la vieira se refleja en modernos monumentos efectuados por arquitectos que supuestamente no se interesan por los mensajes iniciáticos (decimos supuestamente, pues solo hemos de pensar en Antonio Gaudí para ver hasta qué punto la tradición continúa en algunos arquitectos actuales). Quizá uno de los casos más conocidos es el que hace referencia a la fuente de Diana en el barcelonés y céntrico cruce de calles de la Gran Vía y la calle de Lauria, y en la que, junto a la diosa de la Luna, los bosques y la caza, e hija de Júpiter y Latona, se pueden observar gran número de conchas de las que cae el agua formando una preciosa fontana.

Aún en la actualidad, la simbología unida en ocasiones con la mitología intenta hacernos llegar algún tipo de mensaje críptico.

Pensemos que, desde hace siglos, en muchas iglesias y ermitas se puede conseguir la imagen de algún santo, principalmente de la Virgen, en las cuales, el personaje sagrado, está guardado dentro de una vieira.

El Camino de las Estrellas está lleno de leyendas en las que aparece esta concha del peregrino como también se la denomina. No olvidemos que, según una viejísima tradición, los hombres que intentaron recoger el cuerpo del santo al llegar a las costas gallegas, al salir encontraron sus ropas llenas de este molusco. Esto no pasa de ser una tradición pía, pero indudablemente la vieira es otro de los elementos esotéricos y ocultistas que llenan nuestro Camino jacobeo.

Dudo que su verdadera simbología llegue a ser interpretada alguna vez, pues tal como hojeamos diferentes libros sobre el tema, y estudiamos las diversas tradiciones del Camino, nos encontramos con diferentes teorías, algunas de ellas incluso opuestas entre sí, pero de lo que no nos cabe la menor duda, es de que la vieira, tuvo (y aún tiene) una función de iniciación y feminidad, tanto desde el punto de vista del nacimiento biológico, como de una forma más críptica, de la muerte-nacimiento iniciático que se vive en el Camino, sin descartar el simbolismo de purificación que lleva asociado su relación permanente con el agua, elemento purificador (junto al fuego) en la mayoría de escuelas esotéricas.

La relación de la oca en el Camino es también uno de los misterios a resolver que nos guarda la ruta jacobea.

La oca la vemos no solamente plasmada en símbolos esculpidos en ermitas e iglesias, sino que se halla presente en la toponimia jacobea, tanto en los caminos que discurren por territorio español como por todas las rutas europeas, y, curiosamente, coincidiendo con los territorios que guardan todavía el recuerdo de ese poderoso culto al dios protohistórico que conocemos por algunas huellas principalmente toponímicas que guardan relación con la palabra lug, así, tenemos las ciudades de Lugo, Lucerna, etc., los pueblos de Luco, Luyando, Luquino, y otros muchísimos.

La toponimia que hace referencia a la oca, la encontramos en dos versiones diferentes que hemos de conocer por su interés en el Camino. Por un lado, tenemos la forma lingüística más antigua, de origen posiblemente preindoeuropeo, y que se conserva aún en el idioma francés, en las formas "Auche, Auch" u "Oie", y en castellano "Oca", así también en vasco se dice "Auk".

La otra versión es la indoeuropea derivada del sánscrito "Hamsa", de la que han derivado Ganso y Gansa, y de estas en algunas zonas Anso y Ansa.

Pensemos que el camino pasa por lugares de nombres tan significativos como pueden ser los misteriosos y temibles Montes de Oca, con todos los pueblecitos de sus alrededores que aún conservan la palabra oca en sus nombres como por ejemplo Villafranca de Montes de Oca, Monzoncillo de Oca, Ocón de Villafranca, Arraya de Oca, etc.

También encontraremos más adelante varios pueblos

que hacen referencia al ganso o ansa, como, por ejemplo, en los alrededores del camino jacobeo la Sierra de los Aneares, y los pueblos de Espinareda de los Aneares (fijémonos en la referencia a la espina, que ya comentamos en otra parte de este libro), Pereda de los Aneares, y otros muchos. Estos topónimos y su relación con el culto al antiguo dios Lug, que podemos observar a lo largo del camino, nos confirma la antigüedad, muy anterior al cristianismo (milenios antes) de la sacralización del antiguo camino de las estrellas.

Esos seres misteriosos que conocemos como druidas, que tanto poder tuvieron dentro del pueblo celta, se dedicaron con gran interés al estudio de la simbología de la pata de la oca, y según ellos, los tres radios convergentes podían ser una representación del laberinto, el cual se podía prestar a muchas y diferentes metamorfosis.

Pensemos que estos radios, dirigidos hacia arriba, se convierten en un tridente, signo de poder del dios Poseidón, el gran personaje de la Atlántida.

Por un momento, imaginemos la unión de dos patas de oca, y, principalmente, de sus radios convergentes; nos encontraremos entonces con la idealización del crismón o rueda de seis brazos, símbolo que será constante durante todo el Camino y en el que los maestros constructores inscribirán el alfa y omega, además de otras inscripciones necesarias para componer el anagrama de Cristo.

Pensemos que el crismón como símbolo del esoterismo cristiano nace en el Pirineo, durante el románico, y que se extiende principalmente por todo el camino jacobeo, en algunos lugares con verdaderas concentraciones de ellos, como sería el caso del formidable enclave telúrico e iniciático que conocemos como San Juan de la Peña, donde este símbolo se multiplica en una gran variedad de estos verdaderos mandalas cristianos que, como sus análogos orientales, han servido (y aún sirven) para la contemplación y la meditación, así como, en casos aislados, para la búsqueda de estados alterados de consciencia, en los que se combina el estudio del mandala (en este caso crismón) con el lugar geográfico concreto.

La tradición jacobea en Hispanoamérica

Muy poco se ha hablado de la tradición jacobea en tierras hispanoamericanas, y creo que en un libro como este, es necesario hacer una referencia, aunque sea corta, a tan interesante y desconocido tema.

Pensemos que los grandes conquistadores de las américas fueron principalmente los extremeños, y que precisamente en estas tierras fue donde los caballeros de la orden de Santiago se instalaron (Cáceres), aunque luego pasaron a su priorato de Uclés (Castilla). Estos caballeros de Santiago participaron en las tornas de Úbeda, Córdoba y Sevilla, y su estandarte entró por las puertas recién conquistadas de la vieja Hispalis junto a los colores de Fernando III, que se autoproclamaba "alférez de Santiago".

Debido a la estancia de esta orden y a que desde Extremadura y llegando a Salamanca y Zamora discurría otra importante vía de peregrinación jacobea, es por lo que el culto santiaguista quedó profundamente enraizado en la gente de armas extremeña, esos que a golpe de espada y con más valor que escrúpulo en muchas ocasiones, llevaron las tradiciones cristianas a aquellas tierras.

Los dos principales cultos que exportaron al otro lado

del Atlántico, fueron, sin duda, la devoción a Santiago y a la Virgen de Guadalupe. Del primero de ellos vamos a hablar. Para poner un ejemplo, voy a citar palabras de don Ernesto La Orden Miracle, que fue embajador de España hace algunos años, y que se interesó profundamente por el estudio de la tradición jacobea en América:

**Uniformes de los caballeros
de la orden de Santiago**

"Cuando uno visita la ciudad de México, aun en nuestros días, y llega a la estupenda plaza de las Tres Culturas se admira de encontrar, sobre las ruinas de una pirámide azteca, la silueta de la iglesia de Santiago de Tlatelolco. En el altar mayor de dicha iglesia se halla un Santiago Matamoros." Vemos en ello un caso más de cristianización de un lugar de culto, pero podremos observar cómo es, en casi toda la América latina, donde existe una gran veneración e incluso peregrinaciones locales dedicadas a Santiago.

Pensemos que son casi doscientas las poblaciones mejicanas que llevan el nombre de Santiago, así como el hecho de que el primer templo mayor (catedral) consagrado en este país se denominó Santiago. En Teziutlán se celebra la célebre danza de los Santiagos, del más puro estilo medieval, o las fiestas de los Tastoanes, en que Santiago pelea contra diversos diablos o demás criaturas infernales, como la danza en que Santiago acaba con Anás, que se celebra en la provincia o cercanías de Guadalajara.

Danza de los Santiagos de Teziutlán

En Chile, la ciudad más importante fundada por los españoles lleva el nombre de Santiago (fundada el 24 de febrero de 1541). Curiosamente, en este país vuelve a aparecer no un Santiago Matamoros, pero sí un Santiago Mataindios, pues en una de las principales batallas que estos libraron con los españoles, y en la que los hispanos llevaban las de perder, se apareció un caballero de larga barba, todo él de blanco al igual que su caballo, y disuadió a los indígenas para que se rindieran, y así nos lo refiere en sus crónicas el historiador Mariño de Lobera, contemporáneo del conquistador Pedro de Valdivia.

También encontramos esta tradición en la exuberante Guatemala, cuya capital fue fundada en 1524 por Pedro de Alvarado, que se hacía llamar Comendador de Santiago sin serlo, hasta que el emperador Carlos V le concedió el hábito blanco con la cruz roja de la Orden.

El emperador concedió a dicha ciudad un escudo que se componía de "tres montes altos, en medio de ellos el volcán de fuego y en lo alto de todo, el apóstol Santiago". En la segunda capital de dicha nación se encuentra el llamado Museo de Santiago, conocido como Santiago de la Antigua.

En el Perú nos encontramos con otra aparición bélica de Santiago, concretamente en el año 1537, en la que los españoles, sitiados en la plaza de Cuzco y luchando en una proporción de mil a uno, pudieron vencer a los incas por la mediación de un Santiago armado de un rayo, según nos cuenta Garcilaso de la Vega.

Todavía en el siglo XVIII, el día de Santiago, sacaban la bandera real los incas nobles de Cuzco. En los Andes son numerosas las capillas que tienen como santo a este apóstol.

En Puerto Rico se celebra aún en la actualidad una procesión, o romería, en la que los puertorriqueños pasean a este "Matacaribes", pues, según la leyenda, fue contra estos bravos guerreros contra los que peleó Santiago durante el siglo XVI. Dice la tradición que, junto al mar, se construyó una iglesia fortificada para albergar una imagen de Santiago entre sus muros, y defenderlo a su vez de los ataques de los antropófagos habitantes de las islas vírgenes.

En el pueblecito nicaragüense de Jinotepe se celebra una romería en la que se rinde culto a Santiago (junto a los santos Marcos y Sebastián) y dicha festividad recibe el nombre de el "Tope", mezclándose en ella elementos cristianos con otros de cultura típicamente amerindia.

Es en este país donde se celebraba, hasta bien entrados los años setenta, una extraña procesión en la que una de las imágenes de Santiago que hay en la localidad de Nagarote, junto a la carretera que se dirige desde León hacia Managua, se pasea el día veinticinco de julio (san Jaime) por las calles de la población, montado a caballo, pero con la curiosidad de que la imagen va cubierta con el uniforme de general del ejército nicaragüense (del somocista) de primeros de los cincuenta con uniforme azul, gorra de plato, cordones dorados, zapato negro de reglamento y un sable de caballería. A nivel anecdótico referir que, hasta los años setenta, en dicha localidad existió una imagen de Santiago enviada como obsequio por el entonces jefe del estado español, el general Franco, aunque supongo que los acontecimientos políticos de los últimos años en el país quizá hayan hecho desaparecer dicha imagen.

Indiscutiblemente, los demás países hispanoamericanos también tienen su propia tradición santiaguista, pero, para no hacer árido este capítulo, los pasaré por alto, conformándome con haber expuesto solo algunas de estas tradiciones para que se vea la fuerza con que llegó el santiaguismo a las Américas durante el siglo XVI y su actual pervivencia, en muchas ocasiones conviviendo con los restos de religiones africanas o precolombinas.

Constantes del camino

En estas líneas quiero advertir de algo que me inquieta mucho al escribir este libro. Veremos, en estos mil quinientos kilómetros, aproximadamente, que recorreremos desde Puigcerdà (Font Romeu) hasta Finisterre, una serie de símbolos y topónimos que son constantes en todo el camino jacobeo, y no solo aquí, sino que en muchos lugares mágicos vamos a encontrarlos, y me gustaría resumirlos en esta parte del libro, para no cansar al lector en la guía propiamente dicha, que será la segunda parte del volumen.

Al hablar de simbología confieso que tenemos que ir con pies de plomo, pues sucede, como en otros temas un tanto filosóficos, que cada cual da su opinión sobre un símbolo en concreto, algo muy parecido (lo recordaré al terminar el libro) a lo que pasa con los diccionarios oníricos, en que nadie se pone de acuerdo al intentar analizar un símbolo aparecido en sueños, así, mientras un gato para unos es un mal presagio, para otros (yo entre ellos) la visión de este animal, al que amo, como al resto de nuestros amigos de compañía, me reserva alguna agradable sorpresa.

En la simbología sucede lo mismo, pues he recurrido a tres diccionarios diferentes de signos, y en gran número de estos diferían constantemente, por lo cual creo que dentro de la simbología de un grabado o una inscripción lítica caben varias interpretaciones, pues, aunque todas nos están enviando un mensaje, cada cual tiene que interpretarlo desde sus propios conocimientos.

Durante cualquier búsqueda por una ruta o camino iniciático, cada cual tiene que sacar sus propias enseñanzas pues todos somos diferentes y debemos aplicar los símbolos a nuestro propio saber.

Es por esta razón, y por conocer a peregrinos que empezaban la romería sin ningún conocimiento de simbología oficial, por lo que tengo que defender una interpretación propia y personal del símbolo.

A pesar de ello, daré una serie de constantes durante el Camino, y que, por haber sido estudiadas por muchos investigadores creo que merecen ser citadas.

Es por ello por lo que haremos referencia a la toponimia (rama del saber que estudia el origen y significado de los nombres propios de un lugar) de algunos lugares por los que pasa el Camino, y que apenas cambian pese a los diferentes idiomas que vamos a encontrar durante nuestro viaje.

El primero al que nos vamos a referir será todo lo que hace referencia a la rosa y al espino, y que son constantes en la mayoría de lugares mágicos. La rosa y sus derivados, como el espino, los encontramos en la mayoría de lugares donde se establecieron los templarios con su gran carga esotérica y mistérica. Así, encontraremos en Cataluña ermitas del Roser, fiestas mayores que coinciden con la Virgen del Roser, y varios lugares que empiezan su nombre por Espina. Lo mismo ocurrirá en la parte castellana o navarra del Camino (Espinosa del Camino, por ejemplo) y en algunas posibles deformaciones fonéticas (Virgen de la Encina, quizá, en Ponferrada). El espino, la rosa, son símbolos de dolor para quien no sabe cogerlos, así como la iniciación puede ser espinosa para quien no está preparado para adentrarse en el saber. Veremos, para poner un claro ejemplo, cómo en el importantísimo enclave templario de Puigcerdà, del que hablaremos más adelante, se celebra con gran devoción la fiesta de la Virgen del Roser.

Seguidamente encontraremos otra constante en el Camino; nos referimos a las ermitas, iglesias y pueblos que hacen referencia a los antiguos dioses de la fecundidad, principalmente a las diosas-mater que en algunos casos se masculinizaron bajo el nombre de Mamet, Mamede o Mamés, y es una clara referencia a la fertilidad, tanto de mujeres, como de ganado y tierras; así, en el camino encontraremos un san Mamed, que tiene su propia romería en el mes de agosto, en la que los romeros hacen que la imagen entre en contacto con las espigas que después servirán de simiente, y asegurarán una buena cosecha para el próximo año (para profundizar en las costumbres mágico ancestrales en Cataluña, ver el *Costumario de la Catalunya mágica y ancestral* del autor, editada por Ediciones Marré, Barcelona). En la Cerdaña, en pleno camino catalán jacobeo, encontramos san Mamés de Anás, que, rodeado de megalitos, es lugar mágico desde la más remota prehistoria. A la izquierda del Nargó encontraremos (también cerca de la ruta jacobea) la Serra de Mamed (o Mamet), otro san Mamés en Burgos, y san Mamede en tierras del antiguo reino de León (Palencia), solo para poner algunos casos relacionados directamente con el Camino de Santiago.

Y, como broche, también encontraremos gran número de lugares en los que existe una toponimia que hace referencia a antiguos dioses y deidades paganas que estuvieron repartidos por el Camino cuando este aún no era conocido por su relación con el apóstol Santiago, y era recorrido por pueblos enteros que seguían una ruta sagrada desde la prehistoria, y que, sin duda, estaba jalonada por santuarios y lugares sagrados de adoración de antiguas divinidades, muchas de ellas actualmente en el Santoral cristiano, por ejemplo un san Sadurní en tierras de la Cerdaña (ruta jacobea catalana) que es una cristianización de Saturno, o san Caprasio, en uno de los lugares mágicos más importantes del Camino, y que nos lleva directamente a ese enclave mágico telúrico de san Juan de la Peña, indudablemente uno de los más importantes del Camino.

Estos han sido unos breves ejemplos para demostrar al lector que todo el Camino, desde Girona a tierras gallegas, está sembrado de nombres que nos darán la confirmación (que, por otra parte, no haría falta) de que estamos recorriendo un camino mágico-sagrado que remonta sus orígenes a la más remota antigüedad.

LOS CAMINOS DESCONOCIDOS

De todos es sabido que, al hablar del Camino de Santiago, todos hacemos referencia al Camino Francés, formado por los caminos tradicionales, uno de los cuales queda reflejado en las páginas de este libro. Pero son bastantes más los desconocidos, los itinerarios que eran utilizados por los peregrinos procedentes de otros puntos de Europa, así como de Asia y África. No hemos de olvidar que algunos filósofos musulmanes, posiblemente sufíes, denominaron a Santiago de Compostela, desde el siglo XII, "La Meca de los cristianos". Tengamos en cuenta que nos ha quedado documentación sobre peregrinaciones de orígenes tan lejanos como Escandinavia, Rusia, el interior de Turquía, Abisinia, Armenia e incluso de la parte meridional de la misteriosa y mágica India.

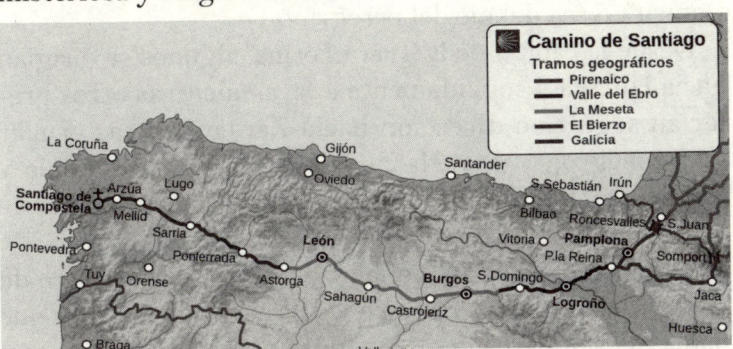

Camino Francés

Se puede asegurar que los caminos que convergían en el Camino eran múltiples, pero algunos de ellos, por su importancia, creemos que vale la pena reflejarlos en estas líneas, pues, además, pueden llegar a ser el principio de una investigación "in situ" para los investigadores que residan en dichas zonas, que quizá ignoraban que un ramal del camino jacobeo pasaba cerca de su localidad, o atravesaba su provincia.

Empezaremos por hablar de otro camino que atravesaba Cataluña, y que era recorrido por los peregrinos procedentes del sur del Principado, de Levante y de tierras murcianas.

Desde Valencia se dirigían a tierras tortosinas, que fueron importante dominio de los caballeros templarios, seguidamente hacia Tarragona, la imperial, en otros tiempos, ciudad catalana. Seguidamente, algunos se dirigían a visitar los monasterios de Poblet y Santes Creus, mientras muchos de ellos se dirigían directamente hacia Lérida (Lleida), donde aún se pueden apreciar algunas huellas de la peregrinación, como la capilla denominada "del peu del Romeu", o sea del pie del peregrino.

Desde la capital de la Terra Ferma, algunos se dirigían hacia Huesca y seguidamente a Jaca, mientras otros preferían seguir en dirección hacia Zaragoza, tras cruzar los Monegros, y desde la ciudad del Pilar, por Tudela y Calahorra, llegar al Camino Tradicional por tierras riojanas.

También desde Barcelona empezaban gran número de peregrinaciones, muchas de ellas formadas por gentes que habían desembarcado en la ciudad condal, donde, según creemos, existió un hospital de peregrinos, cerca del actual barrio de la Merced, e incluso cuenta una vieja tradición que en este edificio halló refugio san Francisco de Asís, al cual se menciona en varias ocasiones a lo largo del Camino. Es más que posible que, bajo las actuales calles de

Dormitorio de san Francisco y Pasaje de san Francisco, se hallen los restos del hospital.

Otro camino importantísimo era el que vulgarmente se conoce como "Vía de la Plata", que era recorrido tanto por cristianos que procedían de tierras extremeñas y salmantinas, como también por cristianos (y musulmanes entremezclados con estos) que habitaban en las zonas andaluzas que estaban en poder de los musulmanes.

Esta Vía de la Plata era una importantísima ruta de origen posiblemente romano, que, sobre todo desde que el rey Fernando III conquistó Córdoba, Jaén y Sevilla, se vio atravesada por miles de peregrinos que vieron, con la reconquista cristiana de estas ciudades, mejorar las seguridades de la peregrinación. Por esta misma vía, a mediados del siglo XI (hacia el 1062), fueron trasladadas las reliquias de san Isidoro desde Sevilla a León, en pleno camino jacobeo.

El camino o Vía de la Plata seguía aproximadamente el siguiente itinerario: desde Sevilla se dirigía a Mérida, ciudad de antiguo origen, de dicha ciudad a Plasencia, donde, según nos cuenta Eusebio Goicoechea, existía un hospital denominado de santa María, que acogía a los peregrinos por una sola noche. Seguidamente se dirigía hacia Baños de Fuente Mayor, Frades de la Sierra y Salamanca, donde tomaban el camino que los llevaría a Zamora, dividiéndose, en este punto, en dos ramales; uno que por Benavente se dirigía a Astorga, ya en pleno Camino, y otro que, por la Puebla de Sanabria, se dirigía hacia Lalín y seguidamente hacia Compostela.

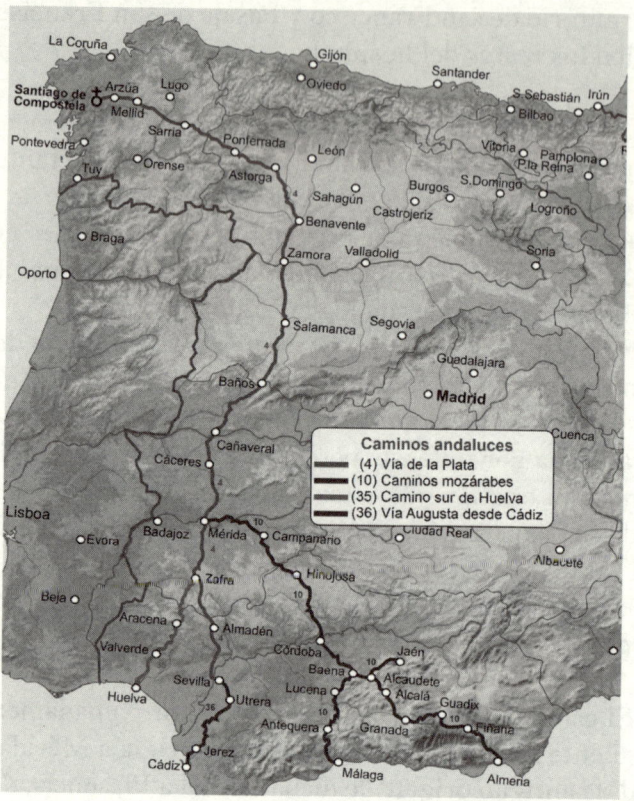

Vía de la Plata y otros caminos andaluces

Y para terminar estos caminos desconocidos, mencionar el que posiblemente fue el más primitivo, y que, bajo mi punto de vista, fue recorrido por los primeros peregrinos que viajaban por el camino de las estrellas, mucho antes de ser cristianizado. Este remoto camino recorría gran parte de las costas cantábricas, pasando por las actuales poblaciones de Hernani, Zumaya, Guernica, Bilbao, Castro Urdiales, Laredo, San Vicente de la Barquera, Ribadesella, Oviedo, La Espina (también aquí aparece nombre tan significativo, como en el resto del Camino), Luarca (posible enclave de culto al dios Lug) y Lugo, para dirigirse, desde esta otra ciudad que nos vuelve a remontar el viejo culto al dios Lug, hasta Santiago de Compostela (y, lógicamente, hasta el Finisterre, para el buscador).

Estas han sido, de manera sucinta, algunas referencias a los otros caminos del Camino, que no por ser casi desconocidos son menos importantes, y que solo están esperando a que algún investigador hurgue en sus viejas capillas, en su toponimia y en sus tradiciones, para poder mejorar el escaso conocimiento que sobre dichas zonas existe, con referencia al camino jacobeo.

Eso es lo que nosotros hemos hecho, ni más ni menos, en el Camino catalán que se describe en este volumen.

Lógicamente, también había gentes que procedían desde islas más o menos lejanas (Irlanda, Inglaterra, etc.) y que desembarcaban directamente en la costa gallega, muchos para peregrinar, y otros, desgraciadamente, como consta en algunos documentos medievales existentes, para practicar el bandidaje, tan común a lo largo del Camino.

Segunda parte

En un principio tuve la intención de disponer el trayecto de nuestro viaje dividido por provincias, pero después creí más acertado disponerlo de tal forma que el lector se sitúe en el Camino, al igual que lo hacía el antiguo peregrino, para el que no existían límites provinciales, y sí solamente un Camino de paz, espiritualidad y conocimiento.

Por este motivo, iremos siguiendo la ruta jacobea olvidándonos de datos geográfico-políticos, pues el lector que sienta interés sobre esta cuestión, podrá observar unos grandes carteles que le notificarán, durante el trayecto, la provincia o comunidad autónoma en que se encuentra.

Itinerarios para una peregrinación

En esta segunda parte del libro, y sin duda la más importante, pasaremos a referir de la manera más amena posible, el itinerario que desde tierras gerundenses nos llevará al Finisterre, siguiendo el camino de las estrellas que tanto impactó a L. Charpentier.

En esta guía para el moderno peregrino ha de quedar bien claro que está hecha por un "buscador" (todo peregrino lo es en el fondo) de la segunda mitad del siglo XX.

Creo que todas las personas que decidan efectuar el Camino con este libro en las manos o como guía, lo harán con sus propios medios de locomoción, y a tal circunstancia me ceñiré, pues estos mil seiscientos kilómetros que aquí quedarán reflejados, supongo que no serán realizados como en la antigüedad, a pie o en caballerías, y la causa que nos lo impedirá, será, como siempre, el tiempo. He calculado que dicho viaje, y contando siempre con factores positivos, como son el tiempo meteorológico, la salud y una perfecta orientación, nos llevaría, efectuando jornadas de treinta kilómetros, aproximadamente cincuenta y cinco días de viaje, y creo que esto no está al alcance de cualquiera. Por ello, vuelvo a remarcar que esta guía del peregrino está dirigida al hombre del siglo XXI que decide, por curiosidad o por necesidad interior, recorrer el viejo Camino, bien solo o acompañado.

Esta segunda parte del libro la he dividido, a su vez, en dos partes: una de ellas la llamaremos el camino catalán, ese gran desconocido, pues es verdad que, aunque en algún libro (muy pocos) se hace referencia al Camino Oriental de Santiago, es en su totalidad casi desconocido, y aunque en algunos casos las huellas jacobeas están perfectamente presentes, en otros, principalmente en las comarcas del Alt Urgell y el Alt Pallars, es casi inexistente, a primera vista, la localización y posterior estudio de los antiguos restos jacobeos.

En esta primera parte incluiremos también la zona aragonesa que completa el Camino catalán, hasta aproximadamente llegar a Jaca, pero, como en las comarcas antes mencionadas, la tradición jacobea y su actual seguimiento se hacen muy difíciles.

En la segunda parte, y por provincias: Navarra, La Rioja, Burgos, Palencia, León, Lugo y La Coruña respectivamente, iremos recorriendo y describiendo aquellos lugares y aquellos factores que creemos son importantes para un libro como el que tiene usted en sus manos. Al final de esta obra daremos una relación bibliográfica sobre algunos de los libros que aconsejamos para el que quiera profundizar sobre el Camino y la tradición jacobea.

En esta bibliografía me voy a tomar la libertad, de hacer una pequeña referencia muy personal sobre dichas obras que, a mi pesar, será con toda seguridad muy subjetiva, pero que quizá sirva de ayuda a algún lector.

Sin más que desearle al lector un buen Camino, pasamos ya a la parte descriptiva de esta guía mágica del Camino de las Estrellas.

El Camino catalán, ese desconocido

Sabemos con toda seguridad que muchos catalanes utilizaban el camino ceretano, para recorrer la parte catalana de la ruta jacobea, y también existen abundantes noticias y documentos que nos hablan de la entrada de muchos peregrinos del resto de Europa, que empezaban su peregrinación por tierras hispanas, por la actual frontera de Puigcerdà, y es a muy pocos kilómetros de esta bella localidad, en tierras ceretanas actualmente francesas, donde encontramos ya una identificación clara de este camino catalán, y nos referimos al concurrido pueblo de Font Romeu, hoy convertido en un importante centro balneario y de deportes de invierno.

Hasta el presente siglo, en el paraje donde actualmente se ubica la población, solo existía un chalet que construyó para sí el alcalde de la cercana localidad de Odelló.

El nombre de dicho lugar se debe, según la leyenda, a la aparición milagrosa de una fuente que surgió de la nada, ante los ojos ensimismados de un sediento peregrino (romero, en catalán "romeu") que imploraba a la Virgen un poco de agua para poder proseguir su peregrinación.

Aunque es importante el dato del sediento peregrino para poder constatar la tradición peregrina de la zona, nosotros empezaremos nuestra peregrinación en ese importantísimo enclave templario y actualmente una de las poblaciones más visitadas de nuestro Pirineo, que es Puigcerdà.

Dicha población fue fundada por el belicoso rey Alfonso I de Cataluña y Aragón a raíz de la necesidad de disponer de una plaza fuerte en la Cerdaña, que pudiera salvaguardar la zona de los constantes ataques de sus vecinos que, desde el Ariège y zonas cercanas, diezmaban la población y causaban todo tipo de estragos.

Los primeros habitantes procedían de la población de Ix, ya en total decadencia humana y económica. En el siglo XIII nos encontramos en dicha localidad con la aparición de un extraño personaje a quien el pueblo santificó, y al que algunos llamaban san Durán el Templario, y que destacó en su ayuda a los peregrinos y la gente necesitada.

La realidad y la importancia de los templarios en Puigcerdà se puede constatar en el libro de los Capitularios, concretamente en el de Gardeny, actualmente en el Archivo de la Corona de Aragón, situado en la ciudad de Barcelona, donde se recoge la existencia de numerosas propiedades templarias, entre ellas, la ya desaparecida iglesia de Sant Bartomeu, y que, según nos dice el investigador de temas ceretanos Ledesma Rubio, es muy posible que se encontrara en el solar en donde actualmente se levantan las escuelas pías.

De entre los numerosos templarios que vivieron en dicha zona, hay uno que puede relacionarse con ese personaje elevado a los altares por aclamación popular y que antes hemos mencionado. Este monje-guerrero pudo muy bien ser el templario fray Guillem Duran, del que desgraciadamente no existen demasiados datos históricos.

Se ha de hacer constar que Puigcerdà, y principalmente por interés de los templarios, fue lugar de refugio, durante el siglo XIII, de muchos cátaros escapados del Languedoc durante la llamada Guerra de los castillos que asoló la región vecina y la tiñó de sangre inocente.

Hemos de pensar que estos cátaros fueron siempre bien vistos e, incluso, en ocasiones, defendidos por los templarios del reino de Aragón, en contra de lo que el irascible investigador francés Jean Louis Gasc asegura, pues, según él, esta orden caballeresca fue en ocasiones torturadora y ejecutora de seguidores cátaros. Este tema me llevó a una agria polémica con el investigador galo antes mencionado, durante el congreso sobre esoterismo celebrado en la bella ciudad de Carcassonne durante el mes de noviembre de 1989, al que asistí como representante y ponente español (el único de nuestro país que fue invitado).

En dicha localidad se celebra la fiesta mayor el primer domingo de julio, coincidiendo con el día del "Roser", elemento este que, junto a la espina o espino, veremos con regularidad en todo el camino jacobeo, y a razón de la carga simbólica y esotérica que tienen la rosa y los espinos que con ella se relacionan.

Muy cerca se halla su agregado de Rigolisa que, según la leyenda, tuvo en la antigüedad una iglesia edificada por el mismo Santiago. La verdad es que existió una bella edificación religiosa dedicada al apóstol, la cual fue incendiada por los bárbaros soldados franceses en el año 1793, labor que continuaron otros no menos bárbaros en el año 1936, destruyendo el precioso retablo que guardaba, obra del maestro ceretano Pere Borren.

Sabemos que en la antigüedad existió, en dicho lugar, un refugio para peregrinos, y además, según el investigador leonés antes citado (y en la actualidad afincado en Barcelona) Ledesma Rubio, el nombre medieval del lugar, que era exactamente Sant Jaume d'Eragolisa, pudiera ser muy bien una deformación fonética de Sant Jaume de "anar a Galícia", aunque personalmente lo veo un poco rebuscado y bastante improbable, aunque tampoco se puede negar la teoría "a priori". Si alguien lo desea, puede desviarse hacia Escadarc, donde existió en tiempos pasados otra iglesia dedicada a Santiago y muy posiblemente un albergue para los peregrinos que habían cruzado el peligroso Collado de Tosses camino de Galicia.

Por la carretera que se dirige hacia la Seu d'Urgell nos encontraremos con un recoleto pueblecito de nombre Sague (también la llaman Saga). En este lugar nos encontramos con una gran cantidad de enigmas, el primero y para mí el más interesante, es su nombre, pues lo relaciona con las tradiciones noélicas (tan importante en el camino de Santiago), o sea, del patriarca Noé (hablaremos también de él en Noya de Galicia) y de sus descendientes, así un posible "Saga" o "Sague", familiar directo de Noé, fundó varias ciudades en España, una de ellas la enigmática Caravaca de la Cruz en Murcia (ver *Historia de la Cruz de Caravaca* del autor, editado por Ediciones Cineb).

En las montañas cercanas a Saga se asegura que llegó un Arca de Noé, y sus familiares fundaron algunos pueblos en dicha zona, principalmente impulsados por el mítico (o no tanto) Túbal, del que fue descendiente directo Saga. También en la cercana Andorra encontraremos una leyenda noélica, en relación con el "Cim d'Argent", así como en el no muy lejano "Tretze vents" en la Cataluña francesa, y donde se asegura que, en una ladera de dicho monte, se halla enterrada el Arca, de manera muy similar a la que se dice que está enterrada en el monte Ararat. En esta zona del Pirineo catalán son muy frecuentes las leyendas que hacen referencia a Noé y sus descendientes directos (Túbal, Saga, etc.).

Esta población a la que nos referimos, es de origen antiquísimo, y se la menciona de manera clara en los primeros años del siglo IX con el nombre de Sagane.

En su pequeña iglesia, a la que la gente no presta demasiada atención, nos encontramos con una simbología ocultista y un mensaje que será constante durante todo el camino jacobeo.

La decoración de los capiteles representa animales míticos lleno de mensaje iniciático, así como cabezas tanto humanas como de macho cabrío (antigua divinidad protohistórica). En el espacio comprendido entre el arco exterior y la archivolta externa destacan entre todos los elementos simbólicos dos figuras que pueden identificarse como Adán y Eva. En la parte izquierda nos hallamos ante una escena del mayor esoterismo que podemos imaginar, y con una carga alquímica de gran importancia, en la que aparece un gran batracio que devora o quizá escupe a un ser humano, como símbolo de ese secreto que tiene que guardar cada cual en su interior y solo entregarlo a unas personas en concreto.

Junto a la iglesia se encuentra un pequeño cementerio que confiere al lugar un aire de paz difícil de hallar en otros lugares.

Por la misma carretera y desviándonos a mano derecha llegaríamos a Merangues, donde se venera una esotérica Virgen de la Leche (Verge de la Llet) así como a un sant Serní, cristianización del dios Saturno (en todo el Camino nos hallaremos con cristianizaciones de antiguos dioses paganos).

Es más que probable que en dicho lugar existiera un lugar de culto a la diosa Mater que después sería cristianizada bajo el aspecto de la actual virgen ya mencionada, al igual que sucedió en el relativamente cercano Montgrony

(Ver *Paseo por la Catalunya mágica y ancestral* del autor. Ediciones Arbor).

Seguiremos la carretera en dirección a Bellver de la Cerdaña, donde, por poco que busquemos, hallaremos las claras huellas del Camino Jacobeo. Una iglesia que, como muchas en la zona, está bajo la devoción a sant Jaume, además, en este caso, acompañado de una Virgen del Roser.

Otra huella clara del Camino la hallaremos en la pequeña capilla situada a la salida del pueblo, hoy acondicionada como oficina de información y turismo, y que estaba dedicada a un santo que simboliza por sí solo a los peregrinos, nos referimos a san Roque, ese romero que acompañado de un perro nos muestra su rodilla herida en claro mensaje de secreta iniciación.

A pocos kilómetros nos encontramos con una aglomeración interesante de megalitos, que será factor constante en todo el Camino, en uno de los cuales fueron desenterrados siete esqueletos de "gigantes", seres que aparecerán en muchas ocasiones durante la ruta jacobea. Estos restos humanos se encuentran guardados en el Museo Arqueológico de Barcelona, y su historia ya la he referido en anteriores libros (*Paseo por la Catalunya mágica y ancestral*, antes citado).

Siguiendo el Camino y hacia la derecha, se encuentra Aristot, lugar de reunión de las tribus celtas (Airssa y Cabana del Moro). El origen de la palabra Aristot es vasco, como tantos otros en esta zona.

Habremos dejado atrás, casi junto a la carretera, el bello pueblo de Prullans, donde existió una encomienda de los templarios (grandes cuidadores y vigilantes del camino jacobeo). A los pocos kilómetros y en un desvío a la izquierda se halla la carretera que se dirige hacia Toloriu y la historia de la princesa azteca que ya refiero en libros anteriores y que nada la relaciona con el Camino de Santiago (Ver *Rutas por la Catalunya mágica* y *Guía de la Catalunya mágica y paranormal* del autor).

Seguiremos hacia la Seu d'Urgell y, sin necesidad de hacer un alto, hemos de mencionar que en un desvío a la derecha nos encontramos con dos iglesias en la carretera que se dirige a Andorra, una de ellas lleva el nombre de sant Jaume y la otra, el de sant Serní de Tavernoles (una nueva cristianización de un dios pagano).

En la Seu d'Urgell debemos hacer una larga parada para visitar su preciosa catedral. Esta localidad está considerada como una de las siete ciudades más antiguas de Cataluña, y su origen se remonta posiblemente a tiempos prehistóricos. Conserva varias fortificaciones, una de ellas de origen romano. La catedral fue iniciada por el obispo Ermengol, y terminada en 1175 por albañiles o constructores lombardos, gente iniciada en el secreto de la arquitectura sagrada.

Esta catedral destaca por su imponente arquitectura (no olvidemos que estamos en el camino de los constructores, de los compañeros de la piedra).

En sus capiteles y demás detalles ornamentales nos encontramos con un mensaje en piedra que solo espera ser leído y comprendido, pues detrás de aquellas caras grotescas se esconde una sabiduría que se pierde en los siglos. Desde la magnífica Seo nos dirigiremos hacia Organyà, dejando atrás algunos megalitos cercanos a Ballestar que nos hablan de la confirmación del lugar mágico.

En Organyà nos encontramos con otra huella del Camino jacobeo, nos referimos a la Font Bordonera, que hace clara alusión a ese símbolo tan importante en el peregrino, que es el bordón, ayuda y defensa del romero.

Hemos de mencionar, aunque sea a nivel anecdótico, que las famosas Homilies, el texto más antiguo encontrado en lengua catalana, son originales de dicho pueblo.

A algunos kilómetros de dicha localidad tomaremos el desvío que nos llevará al inhóspito y espectacular Coll de Nargó a 753 metros de altura. Durante este recorrido donde son casi inexistentes las huellas de la peregrinación jacobea, nos encontramos con la interesante iglesia de sant Climent, con un interesantísimo campanario de origen pre-rrománico. No hemos hallado documentación que lo corrobore, pero es muy posible que por los alrededores existiera un refugio para los peregrinos que atravesaban tan solitaria zona, muy parecida a algunas de las etapas que tendrían que realizar por tierras castellanas y gallegas.

Ermita de sant Jaume

Es curioso que bastantes autores aseguren que la palabra Nargó, es la deformación de la frase "anar a Aragó" cosa que me parece bastante probable. Muy cerca de la zona conocida como "las clases", existen los restos bien conservados de la que fue ermita de sant Jaume.

Pasado Nargó, existió, hasta bien entrado el siglo XVII, un lugar de nombre L'albás que, según algunos autores, era una deformación de la palabra albergue, con que se denominará algún lugar de acogida para peregrinos.

Muy cerca, hallaremos una de las zonas más bellas y también desconocidas de esta provincia, precisamente en Valldarques, población que con toda seguridad debe su nombre a la existencia de algunos megalitos en la zona (Valle de las Arcas), posiblemente dólmenes que, en catalán, antiguamente, se denominaban arques. El conocido historiador catalán, el señor Serra y Vilaró, encontró algunos de ellos en la zona conocida como Coll del Fau, muy cerca de can Vilars (curiosamente casi todos los pueblos catalanes con el nombre Vilar o Vilars, tienen ubicados en sus alrededores varios megalitos).

Existe un desvío que nos llevaría hacia Gavarra, con abundantes restos prehistóricos. Seguiremos hacia Boixols, y muy cerca encontraremos la Rua, nombre que nos acompañará por lugares diversos del Camino jacobeo. Isona, nuestra siguiente parada, puede hacer las delicias de los amantes de la arqueología, pues sus restos se remontan al poblado ibérico que hubo en el lugar, además de existir importantes restos romanos que nos hablan de la importancia que tuvo dicha localidad. En dicha población encontramos una ermita de nombre muy sugerente: el Roser, que, como veremos, nos acompañará, junto a diversos nombres que hacen referencia a las espinas y las rosas, durante todo nuestro viaje.

En el cercano castillo de Llorda, de gran importancia en otros tiempos, se ubicó una iglesia dedicada a un dios pagano cristianizado, nos referimos a sant Sadurní (Saturnino).

En las cercanías existió un lugarejo de nombre Jaumet que puede estar relacionado con Santiago.

Seguiremos el camino hasta llegar a un lugar de nombre muy representativo: Fontsagrada, posiblemente haciendo referencia a una de las muchas fuentes que aliviaban la sed de los peregrinos.

En esta zona encontramos varios nombres de toponimia muy interesante, así, muy cerca se encuentra la población de Gavet de la Conca, y al llegar aquí, hemos de recordar las palabras del investigador francés Louis Charpentier, quien asegura que la palabra "gavacho" que se utiliza en nuestro país para denominar despectivamente a los habitantes del estado francés, procede de la palabra catalana gavet que, en la Edad Media, se utilizaba para designar a los habitantes del Languedoc, y de aquí podemos suponer que la denominación de este lugar leridano se deba al paso de franceses meridionales por la zona, camino de la ciudad compostelana.

Algunos kilómetros más hacia delante, nos encontramos con otro dios pagano cristianizado, nos referimos a sant Serní, y a escasos kilómetros podemos observar la soberbia montaña de Sant Corneli (1357 metros), desde donde se puede observar una preciosa panorámica sobre el embalse de Sant Antoni, desde Tremp a la Pobla de Segur. Como vemos, en muy pocos kilómetros hallamos dos cristianizaciones de dioses muy anteriores a nuestra era, lo que ya nos indica el sentido mágico que tenía la zona en la antigüedad. Recordemos que estos tres santos: Sadurní, Corneli y Serní, se hallan casi siempre en lugares de tradición heterodoxa.

Seguidamente, llegaremos a Tremp, donde sí hallamos una abundante tradición jacobea, aunque actualmente está muy olvidada, pero que vamos a intentar referir, al menos, los datos que aún hemos podido obtener. Sus murallas medievales tenían una puerta que era conocida como de "Sant Roe", ese santo peregrino que ya hemos encontrado en el Camino a su paso por la Cerdaña. Tenía una torre fortificada que se conocía como la gavacha, haciendo referencia a los franceses. Tenía un puente (aún se conserva en cierta forma) que se denominaba de Sant Jaume. Una iglesia y un convento con el mismo nombre: Sant Jaume, y además un importante hospital para pobres y peregrinos. Como podemos observar, es, quizá, el pueblo de toda la zona recorrida por tierras leridanas que más conservó y reflejó su toponimia peregrina.

En esta localidad se venera una virgen que fue encontrada, según una pía tradición, debajo de una mata de flores, de aquí su nombre de Mare de Déu de Valldeflors, aunque otros investigadores aseguran que su nombre se debe a que fue encontrada en un valle que estaba repleto de bellas flores.

Durante la Edad Media, Tremp jugó un importante papel dentro de las muchas contiendas y actos bélicos que sufrió dicha zona.

Saliendo de esta bella localidad, y por la carretera comarcal 1311, pasaremos los puertos de Montllobat (1.080 metros) guardado por una solitaria torre medieval, y el Coll de sant Miquel (1.060), todo ello en una zona tremendamente inhóspita.

Seguiremos en dirección a Benabarre (Benavarri), de posible origen vasco navarro, antigua capital del histórico condado de Ribagorza, que aún conserva restos de sus soberbias murallas y defensas militares, que le dieron renombre en la Edad Media. A nivel anecdótico, comentaremos que antes de llegar a esta importante población, y a mano derecha de la carretera, se encuentra un pueblo de significativo nombre: Luzás (Llucar en catalán) que nos remite al dios protohistórico Lug, y que en sus alrededores tiene además la iglesia de san Lorenzo (posible sincretismo de Lug) y la Almunia de san Lorenzo (otra referencia a Lug).

Siguiendo el Camino, llegaremos a Torres del Obispo, antigua población que fue encomienda y fortaleza de esos guardadores del Camino jacobeo, y que hacía algunas páginas que no encontrábamos: los templarios, que tuvieron un importante baluarte en esta población aragonesa.

Nuestra próxima meta será la importante población de Graus, presidida toda ella por el soberbio Santuario de la Peña, donde se asegura que se apareció la Virgen en el siglo XIII, aunque en cuanto a la fecha, nada se sabe en concreto.

Santuario de la Peña, Graus

Este santuario de Nuestra Señora de la Peña merece una detallada visita, pues veremos que, durante todo el trayecto jacobeo, se repiten los santuarios y ermitas que están incrustados en la misma piedra virgen, para lograr, sin duda, una mayor comunicación con las fuerzas de nuestro planeta que conocemos como telúricas, tema este del que ya hablaremos más extensamente al llegar a otro importantísimo santuario, y que fue (y todavía es) lugar obligado de visita (y de meditación) para todo aquel que ha emprendido su Camino de las Estrellas; nos referimos lógicamente a San Juan de la Peña, situado ya en pleno Camino tradicional. De Graus nos dirigiremos hacia Barbastro, dejando a nuestra izquierda la antiquísima zona de Olvena, que, por los restos encontrados, sabemos que fue un hábitat en plena prehistoria, y que se supone que en dicha época tuvo su importancia. Pasaremos Enate, que nos llama la atención por su similitud fonética con ese precioso y misterioso enclave templario que encontraremos algunos cientos de kilómetros más a occidente: Eunate.

En este espacio del trayecto, podremos observar, en algunas zonas, restos de lo que fue el antiguo Camino, así como restos de antiguos puentes que facilitaron el paso de los peregrinos en tiempos pasados.

Barbastro, importante ciudad aragonesa que fue encomienda de monjes-soldados, en este caso de los hospitalarios, que, a semejanza de los templarios, también buscaron el lugar mágico para llegar al conocimiento. Sabemos que en esta ciudad se reunieron, en alguna ocasión, los más destacados dirigentes de la orden, formando el capítulo general, así, en el año 1194, este se reunió bajo la jefatura del hospitalario de origen catalán, Fortuny Cabezas, que también fue maestre en tierras de Tarragona.

Cerca de dicha localidad se hallan los restos del "Almerque", posible deformación de "albergue", quizá antiguo refugio de peregrinos, y en cuyos muros aún se pueden observar las marcas de los constructores que recorrían el Camino, dejando su pétrea huella como mensaje iniciático.

Nuestra próxima meta será la importantísima ciudad de Huesca, que fue sede de caballeros templarios desde 1148 o quizá antes, aunque de fecha anterior no se conservan documentos. En dicha ciudad podremos visitar varios de sus monumentos centenarios, destacando la iglesia de san Lorenzo de las Miguelas, que muy bien puede ser el templo que los caballeros templarios dedicaron a san Juan.

Se conoce gran número de los comendadores del Temple que allí hubo. En la Osca de los romanos, se pueden visitar, además de la anteriormente citada iglesia, los templos de san Pedro el Viejo (románico) y santo Domingo.

De Huesca nos dirigiremos hacia Sabiñánigo, y, aproximadamente un kilómetro antes, haremos mención, aunque solo sea una curiosidad natural, de la extraña formación geológica (se puede observar hacia el kilómetro 50) que parece gemela de la famosa muralla natural de la población de Montgay. En esta laboriosa población aragonesa de casi diez mil habitantes, daremos por terminada esta primera parte del itinerario jacobeo que, no por menos conocido en la actualidad, se tiene que olvidar, pues fue recorrido durante muchos siglos por miles de peregrinos que acudían a orar a la ciudad compostelana (y unos pocos al Finisterre) por tierras catalanas y oscenses.

Nuestro próximo punto de arribada será Jaca, en pleno camino tradicional jacobeo por tierras aragonesas.

DE JACA A COMPOSTELA:
EL CAMINO TRADICIONAL

A partir de ahora, nuestra guía seguirá por uno de los Caminos llamados tradicionales que llevaban a Compostela (y lógicamente a Finisterre).

Lo vamos a empezar en Jaca, pero hemos de hacer mención de que al margen del Camino que vamos a seguir a partir de ahora, existe otro muy importante que entra en tierras españolas por Roncesvalles, prosiguiendo por Zubiri, Larrasoaña, Pamplona y Cisus (o Cizur) Menor, para unirse al que nosotros seguiremos, en Puente la Reina.

Llegados a este punto, es obligatorio mencionar que existen libros y guías que describen perfectamente el Camino, y que, como ya dijimos anteriormente, al final de este volumen incluiremos una bibliografía reseñada para todo aquel que se interese por viajar de manera diferente por la ruta jacobea[4].

También mencionaremos que, a partir de este punto, se puede seguir, en algunas ocasiones, el trayecto por el viejo Camino que aún se conserva en muchos lugares, y adelantar que, para las personas que se vean con la fe y el coraje suficientes (además de la adecuada preparación física) para hacer el viaje a pie, pues les puedo asegurar que aún hay

---

4   A partir de Jaca, recomiendo al lector, si se decide a hacer el Camino con vehículo propio, que se pertreche de una buena Guía de Carreteras de Espafia , pues en algunas provincias por las que discurre la ruta jacobea , están muy mal señalizadas (así como en mal estado), y una buena guía automovilista les puede ser de gran ayuda. Recomiendo el Gran Atlas de Carreteras de Plaza-Janés, por su formato y su sencillez, que no nos priva por ello de una gran información.

muchas personas que lo realizan, existe un libro impres-
cindible que lleva por nombre *El Camino de Santiago: Guía
del Peregrino* (Ediciones Everest) y que utilizan todos los
peregrinos de a pie, aunque no hace referencia a ninguna
de las facetas esotéricas del camino.

Catedral de Jaca

Sin más, pasaremos a describir y comentar los factores
históricos, esotéricos y mágicos que hemos podido hallar
en esta segunda parte del Camino: Jaca. En este emporio esotérico nos encontramos con la catedral, que es una
de las más antiguas de España. Sus obras se iniciaron en
tiempos del rey Ramiro I (1063) en un perfecto estilo arquitectónico, lleno todo él del más puro simbolismo ocultista. Lo primero que nos llama la atención es el crismón
de la portada occidental del edificio, donde podemos observar este perfecto mandala en el que se encuentran tres
de los factores ocultos de la simbología esotérica:

—En lugar preferente, los leones, símbolo de fuerza y resurrección.

—El signo serpentario, símbolo de las fuerzas internas de la tierra, es la reina del subsuelo, la que cambia su piel, como ha de cambiar el Iniciado. En forma de espiral representa todo lo que es relativo.

—El círculo solar puede simbolizar esa ciencia trascendente que conocía el hombre primitivo, y que solo algunos pocos podían llegar a conocer.

Portada de la Catedral de Jaca

En sus símbolos e inscripciones se da un mensaje, solo aparentemente cristiano, de unos cultos muy anteriores al catolicismo.

A los pies del templo, a la derecha de la entrada occidental, existe una capilla dedicada a santa Ana, la madre de la Madre, símbolo de las diosas Maters que veremos aparecer en algunas ocasiones con nombres de varón (san Mamet o Mamén) en diversas partes del Camino.

Dejo para el buscador que recorra todo el edificio buscando los demás símbolos iniciáticos de la catedral (que son muchos) y que tiene que encontrar cada uno por sí mismo.

Junto a la catedral, existe el Museo Diocesano, creado a principios de los años setenta, y que recoge una formidable colección de obras de arte, algunas de ellas con un fuerte simbolismo. Fue iniciado por P. Auricinea.

Ya en Jaca empezaremos a observar el importantísimo ajedrezado que será constante en diversos monumentos de la ruta jacobea en cornisas y cordones.

En el convento de las Benedictinas, monumento imponente por su fortaleza y dimensiones, se guarda el sepulcro de la célebre doña Sancha, que fue trasladada desde Serós cuando la comunidad se retiró a Jaca.

De la antigua iglesia de Santiago, que sufrió dos restauraciones, una en el 1088 y otra en el siglo XVIII, solo se conservan algunas piezas de interés.

Para los amantes de la arquitectura militar, indicarles que existe una magnífica fortaleza de tiempos de Felipe XI, de soberbio aspecto.

Dejaremos esta preciosa ciudad para dirigirnos hacia poniente, para llegar, unos veintisiete kilómetros más allá (aproximadamente), a un cruce que nos llevará al pueblecito de Santa Cruz de Serós. A la llegada, lo primero que observaremos será una pequeña ermita (en mi último viaje estaba en período de reconstrucción) dedicada a san Caprasio, festividad que los lugareños celebran el día 20 de septiembre, coincidiendo con el equinoccio. Los campesinos de la zona lo llaman familiarmente san Crepas, y aunque según el santoral cristiano existen dos santos con ese nombre, es muy posible que se remonte a un culto de los dioses cornudos de la prehistoria (ver *Dioses, megalitos y fuerzas telúricas* del autor, Ediciones Arbor).

Muy cerca de esta ermita se encuentra la espléndida edificación de Serós, edificio que fue fundado en el siglo

X por Sancho Garcés III y su esposa Urroa, y que fue habitado por monjas Benitas durante varios siglos. En esta iglesia de santa María de Serós se encuentra un crismón muy parecido al de Jaca. Los canecillos del edificio son de una belleza difícil de igualar y nos dan todo un mensaje de simbología hermética.

Iglesia de Santa María de Serós

Hace algunos años, se descubrió que encima de la bóveda de la iglesia se encuentra una sala oculta solo accesible por una escala lanzada desde arriba.

Actualmente se puede alcanzar fácilmente desde el coro.

Volviendo a la ermita de san Caprasio o Crepas, recomiendo al lector que tenga ganas de disfrutar del paisaje y respirar un aire del todo mágico, tan diferente del de las ciudades, que coja la carretera que se dirige a San Juan de la Peña, e intente hacer el recorrido a pie (unas tres horas entre la ida y la vuelta). Yo lo he efectuado, y no pude menos que recordar, por su similitud, otros parajes mágicos de similar formación geológica y de los que he hablado en anteriores libros (el Montgrony, Sant Miquel del Fay, etc.) y en los cuales se da en todos un denominador común: un santuario fundido con la piedra virgen.

La primera impresión al ver San Juan de la Peña, es de verdadero ensimismamiento, pues te encuentras ante una gran caverna natural (balma) y, literalmente "metido" dentro, el santuario, que se remonta a los primeros años de la alta Edad Media, aunque a nivel personal estoy convencido de que ya fue lugar de culto en épocas muy anteriores.

Es este uno de los lugares que más me han impresionado en mi búsqueda de los lugares mágicos, tanto por su paz (verdaderamente se respira), como por su construcción y su encubierto mensaje.

Para visitarlo, hay que esperar la llegada del portero, que siempre aparece en su utilitario a las diez y "algunos minutos" y que nos abrirá la puerta de este verdadero arcano de la ruta jacobea, que yo considero uno de los puntos claves del camino (los lunes está cerrado).

En este lugar se puede respirar la fuerza de la Madre Tierra en toda su potencia: es uno de los enclaves telúricos que más se dejan sentir en las personas que lo visitan (conozco supuestos ateos que han rezado en su claustro, junto a la fuente "de las monedas").

La arquitectura se funde con la piedra, y de este contacto geológico fue sin duda de donde San Juan de la Peña consiguió su alto grado de Iniciación para quien la busque. Su claustro es de una belleza incomparable, la fuente que mana directamente de la montaña nos confirma que estamos ante un lugar sagrado. Con toda seguridad los monjes pinatenses que allí residían, buscaban en el lugar el mensaje trascendental que debía indicarles la Verdad.

En sus más primitivos orígenes fue lugar de descanso

y meditación de diversos anacoretas que buscaron en San Juan del Monte Pano (fijémonos en su similitud con el santuario del Montgrony y su Pla del Pan, como posible origen de un lugar de culto dedicado al dios pagano Pan) el beneficio espiritual de las fuerzas telúricas que aquel lugar irradia.

En los últimos tiempos han aparecido varios libros que aseguran que el santo Grial se encontró durante un tiempo en el santuario, e incluso existe un libro monográfico de la posible ubicación de esta reliquia sagrada. Pero como todos sabemos, son tantos los lugares que aseguran haber sido refugio del Grial, que dejamos el tema con un interrogante, y para los interesados en la tradición griálica, les recomendamos la bibliografía de final del libro.

Conozco personas de total confianza, que han llegado a estado de verdadero misticismo en tal lugar. Recuerdo a un conocidísimo escritor de temas esotéricos (que me pidió que no diera su nombre, por razones que no llego a comprender) que después de una amarga experiencia familiar, se refugió algunos días cerca del monasterio, y cada día iba a meditar en un rincón del claustro y que según me contó, llegó a un estado de éxtasis que nunca había conocido.

Cerca de este claustro existe un pequeño caudal de agua, lleno todo él de monedas, que según una nueva costumbre, concede los deseos que los visitantes piden de corazón.

El claustro estaba formado por treinta y dos arcos, seis en los lados estrechos y diez en los anchos y en su día tuvieron sus respectivos capiteles. La techumbre del claustro es la misma roca madre, lo que le confiere un aire ancestral que el visitante nunca olvidará.

Fue también panteón de reyes aragoneses que escogieron el lugar como última morada, quizá presintiendo el factor sagrado y trascendental del lugar.

Por la misma carretera (en bastante mal estado si va en vehículo) regresaremos a Serós, para dirigirnos a la carretera principal.

Siguiendo la ruta, encontraremos Berdún, todavía en tierras de Huesca, elevado sobre un montículo, con una buena muestra del urbanismo medieval.

Seguiremos hacia Tiermas por un desvío en el kilómetro 337. Este pueblo, actualmente abandonado, es de origen romano, y debe su nombre a las termas que existían en la población. En el "Codex Calixtinus" ya se menciona esta localidad "donde hay baños reales, cuyas aguas están siempre calientes".

Las aguas del pantano de Yesa han cubierto el trazado del primitivo Camino. Cerca de Yesa, nos desviaremos para visitar el imponente complejo histórico de Javier, edificado sobre un castro prehistórico, que pasó después a manos de los romanos. Existió en el lugar una Torre de Adá, que los historiadores oficiales remiten al caballero Adá, señor de Sada, pero no hay que sepamos, datos ciertos sobre el tema. En este castillo nació san Francisco Javier, hijo de Juan de Gaso y Atondo y de doña María de Azpilicueta, a principios del siglo XVI (1506).

En este lugar se asegura que durante muchos años se dio un curioso fenómeno supranormal que pasamos a relatar de manera escueta.

La capilla era el oratorio del castillo, y todavía se asegura, aunque de forma anecdótica, que existe un asiento natural de roca que perteneció a la nodriza del santo, a quien lactaba devotamente mientras rezaba. En el oratorio que mencionamos, existe una magnífica talla del siglo

XIII, que representa a un Cristo crucificado y que, según cuenta la leyenda, sudó sangre (como otros cristos e imágenes de santos actualmente estudiados por la parapsicología) el día en que, en tierras de la lejana China, murió el santo. El sudor del Cristo, que siguió sudando sangre los viernes del último año que vivió el santo, particularmente el 3 de diciembre de 1552, hizo progresar la fe ante el Cristo milagroso. Esta leyenda llegó a oídos de los peregrinos que acudían en su largo camino, a tocar la imagen del Cristo, hasta tal punto, que la talla se erosionó desde el costado hasta la cadera, y esta erosión solo paró cuando un obispo de Pamplona del cual desconocemos el nombre (aunque fue en la primera mitad del siglo XVIII) sancionó con pena de excomunión a los fieles que osaran tocar directamente el Cristo, y posteriormente mandó colocar un vitral de protección.

Capilla del Santo Cristo, Castillo de Javier

Hace algunos años, concretamente en 1971, fueron descubiertas en el interior de la capilla del Santo Cristo, unas paredes ornamentadas con pinturas murales que representaban esa ancestral costumbre que conocemos como "Danza de la muerte" o "Danza macabra", la cual aún se celebra en algunas localidades españolas, como en la ampurdanesa Verges (Ver *Paseo por la Catalunya mágica y ancestral* del autor. Ediciones Arbor). En estas pinturas se representan varios esqueletos con filacterías danzando sobre un tablado, bajo el que puede advertirse una figura femenina yacente.

Bien merece una visita este castillo restaurado, y que puede visitarse de forma completa y adquirir, para quien lo desee, obras monográficas sobre el lugar.

Desde Javier cogeremos la carretera que nos llevará a Sangüesa, localidad donde se encuentra una de las principales iglesias de todo el camino, con una portada llena de simbolismo: Santa María. Tal como ha llegado a nosotros, es un edificio de tres naves, con sendos ábsides semicilíndricos, el central de mayor tamaño y elevación. Las naves tienen tres cuerpos, alzándose sobre el central una bella linterna rematada al exterior por una torre almenada.

El portal de la iglesia es de una belleza incomparable, y de él se desprende un mensaje lleno de saber. Las figuras más finas y exquisitas son las estatuas-columnas que sostienen la arquivolta. A mano izquierda se encuentran las imágenes de las tres Marías, y a mano derecha están san Pedro, san Pablo y una curiosísima imagen de Judas ahorcado. Aquellas figuras reflejan en su rostro un aire de paz espiritual difícil de encontrar en otras.

Muy cerca de la iglesia, casi frente a la entrada principal, se encuentra una curiosa combinación de librería-casa de muebles, donde se pueden adquirir, a un precio muy interesante, diversos libros y guías sobre Sangüesa y el Camino de Santiago, editados por el gobierno navarro.

En esta Sancosa de los romanos ("la que nunca faltó") que en un principio estuvo situada en el macizo de Rocaforte, se vive todavía la peregrinación, y en la antigüedad se celebraron espectaculares carnavales, con algunas actividades (como la "matraca") que fueron prohibidas por la Iglesia. Fue un importante enclave de los caballeros hospitalarios, esos caballeros-monjes que, al igual que los templarios, buscaron y protegieron el lugar mágico.

El rey firmó la cesión a los hospitalarios en el año 1131 y pasaron a residir en el Palacio Real hasta el 1351.

Es muy interesante la visita al templo de Santiago, edificio de transición del románico al gótico, que data del siglo XV, con tres naves y una curiosa torre de aspecto militar, con almenas. Su portada tiene cuatro columnas a cada lado, con capiteles de flora corintia, en bastante buen estado.

En 1965 se descubrió, bajo el entarimado de esta iglesia, una colosal imagen de piedra que representa a Santiago. Tiene esta población también un convento de san Francisco de Asís que la tradición atribuye su fundación al mismo santo, aunque históricamente sabemos que fue obra del rey Teobaldo XI, que en 1266 (san Francisco había peregrinado en 1212) donó 2000 sueldos para su construcción.

Volveremos a buscar la carretera que habíamos dejado para visitar Xavier y Sangüesa (N-240) y, si el tiempo y el interés nos lo permiten, podemos visitar el monasterio de Leyre, monumento que, según algunos autores, fue unos de los primeros construidos en estilo románico, aunque en Cataluña ya existían varios cuando se edificó Leyre.

En los primeros siglos fue sede episcopal y panteón de reyes. Su historia va muy unida a la de Navarra. En sus mejores tiempos llegó a poseer cerca de cuarenta poblaciones (incluida San Sebastián) y setenta y dos fundaciones religiosas.

Tenemos noticias de que cerca del actual monasterio existían unas cuevas que fueron refugio de anacoretas que, desde principios de la Edad Media, buscaron en aquellas soledades la paz para el espíritu.

Volviendo a la N-240 nos encontraremos con Monreal, el "Mons Reellus" que menciona Aymeric. El castillo que corona la colina dio nombre al pueblo.

Nuestra próxima visita es a la iglesia de Eunate, una de las construcciones más esotéricas que encontraremos en todo el Camino de Santiago.

Iglesia de Eunate

Eunate, que en euskera quiere decir cien puertas, fue, sin duda, aunque algunos historiadores lo nieguen, una construcción de los caballeros templarios. Veremos que en la mayoría de guías del Camino se la considera solamente como una iglesia funeraria (una de las tres que se asegura que había), pero ya solo su aspecto nos indica que era algo más, muy posiblemente un lugar de reunión e iniciación que, encubierto bajo el manto de capilla funeraria, servía a los templarios de lugar especial, al igual que pasará en Torres del Río, algunos kilómetros más adelante.

Su construcción octogonal, y el claustro externo que lo rodea, nos recuerdan a la construcción que los arquitectos sufíes levantaron sobre las ruinas de lo que había sido Templo de Salomón, y que, lógicamente, conocían los caballeros del Temple. Su visita es obligatoria para el viajero, y si la encontramos cerrada, que es muy seguro, podemos pedir las llaves en la vecina población de Muruzábal.

Hemos de hacer constar que Eunate nunca tuvo linterna para la llama, lo que nos induce a pensar que quizá ni sirvió como lugar de enterramiento, aunque en sus alrededores se asegura que se han encontrado restos humanos que bien pueden ser de algunos peregrinos enterrados cerca de Eunate.

Siguiendo la carretera llegaremos a Puente la Reina, que no debe confundirse con otro Puente la Reina que habremos dejado muy atrás, en tierras aragonesas, y que en ocasiones ha sido motivo de confusión para el viajero.

En este punto de Navarra es donde se unían los dos caminos principales, el que estamos siguiendo y el de Roncesvalles. Nos encontramos en Puente Regina o Ponte de Arga, como lo denominaban en el siglo XI. Su nombre tiene como origen a una reina llamada doña Mayor, esposa de Sancho el Mayor, y que mandó hacer este puente para que pasaran los peregrinos jacobeos.

En los últimos años del siglo XI, hacia el 1090, sabemos que se había instalado en el lugar una colonia franca. El rey García VI puso el lugar en manos de los caballeros templarios, alrededor del año 1142, con la condición de que ayudaran en todo momento a los peregrinos, labor, por otro lado, que siempre llevaron a cabo. Cuando en el primer cuarto del siglo XIV, el rey de Francia y el Papa "títere" que había en Roma acabaron con la orden del Temple, su puesto lo ocuparon los Caballeros de san Juan de Jerusalén, siendo uno de sus priores (se cree que fue Juan de Beaumont) quien mandó iniciar las obras del nuevo hospital para peregrinos, ya muy entrado el siglo XV.

Seguiremos hacia Cirauqui, donde se pueden observar restos de la antigua calzada romana, aunque en muy mal estado. En esta población se halla el templo de San Román, gótico, con una bella portada polilobulada, muy semejante a la que podemos observar en San Pedro de Estella. En la iglesia de Cirauqui se observan algunos símbolos que hacen referencia a la vida que hemos de recordar que fue elemento sagrado durante milenios, y que nos habla de estados trascendentales.

Seguidamente llegaremos a la importante ciudad de Estella, que, como su nombre nos indica, es punto importantísimo en este Camino de las estrellas muy anterior al cristianizado Camino de Santiago. La antigua Lizarra, en lengua del país, adquirió gran importancia con la repoblación de francos que llevó a cabo el rey Sancho V en el año 1090. De Estella nos habla muy bien Aymeric, al contrario de casi todo lo que nos refiere de los navarros, a los que trata de "pedantes, asesinos, pendencieros, sucios" y otras lindezas. Este viajero medieval nos dice que el agua del río

Ega es "dulce, sana y muy buena". En ella, el peregrino podía visitar un gran número de iglesias y capillas, destacando la Iglesia del Santo Sepulcro (románico-gótica) San Miguel (gótica) y San Pedro de la Rúa entre otras, así como las ermitas de Rocamador y del Puy. La aparición de la Virgen del Puy está rodeada, como en otros muchos casos, de lluvia de estrellas, extrañas luces y de un grupo de pastores (como en Montserrat, por ejemplo) que van a curiosear, los cuales, al ver la imagen, intentaron bajarla a la población, aunque era tan pesada (factor que se repite constantemente) que se vieron en la necesidad de levantar el santuario a escasos metros del lugar de la aparición.

Proseguiremos hacia Irache, donde se fundó uno de los monasterios más antiguos de Navarra, siendo posible que antes existiera una comunidad de anacoretas en los alrededores. García de Nájera fundó un importante hospital para peregrinos hacia el año 1051. El templo de este enclave benedictino, data del siglo XII y en el siglo XVI hizo las funciones de universidad. Es muy posible que, ya en tiempos de los visigodos, existiera un templo en dicho lugar. En Monjardín podremos observar un crismón cuya S es representada por una serpiente, símbolo iniciático y que, en ocasiones, representa las fuerzas sutiles del planeta (fuerzas telúricas) en la mayor parte de culturas de todo el mundo.

Seguiremos hacia el interesante pueblo de Torres del Río, importante enclave de los templarios. En el año 1109, Jimeno Galíndez hizo donación a Irache de un monasterio en Torres. En el siglo XII, los Caballeros del Temple levantaron una curiosa iglesia que, al igual que Eunate, se dice que tuvo finalidades funerarias. Su planta es octogonal del más puro estilo templario, y tiene claras influencias mudéjares y bizantinas. Para visitar la iglesia, que bien vale la pena, se han de pedir las llaves a una de las tres mujeres de la localidad que se encargan de las visitas al templo. Una de estas, Gloria López, una simpática y amable navarra, les contará la historia del edificio desde un punto totalmente oficialista, y dejará que recorramos a nuestras anchas esta extraña edificación en la que se siente una extraña sensación de lugar mágico donde se han celebrado ceremonias que nada tienen que ver con la supuesta función funeraria del edificio.

Si levantamos la cabeza, veremos que dos extrañas caras nos vigilan desde arriba, una de ellas con la boca abierta como con estupor.

Aún en la actualidad se han reunido grupos de gentes que pertenecen a órdenes caballerescas actuales y, según nos aseguró doña Gloria, en 1989 una de estas sociedades caballerescas hizo una especie de correcalles o pasacalles ataviados con capas blancas, tras lo cual, algunas mujeres del pueblo les ofrecieron, como a la antigua usanza, pan, queso y vino, como signo de hospitalidad peregrina.

Es, a mi parecer, pues no hay documentación que lo avale, un lugar donde, al igual que en la no muy lejana Eunate, se reunían algunos caballeros del Temple, y digo algunos porque estoy convencido de que solo unos pocos tenían ocasión de llegar a la iniciación dentro de la Orden, pues se me hace muy difícil creer que miles de caballeros templarios, sin más razón que la de pertenecer a la Orden, pudieran profundizar en unos secretos que tenían que ser cuidadosamente guardados para que no llegaran a gente que no merecía tales conocimientos. En estas reuniones es fácil de imaginar que se impartían unos conocimientos esotéricos y alquímicos que tenían que ser revelados en lugares concretos fuera del alcance de los demás.

La bóveda de tipo califal nos indica la intervención de mudéjares en la obra, muy posiblemente gente que estaba en contacto con la arquitectura sagrada de los sufíes.

Viana está muy cerca, y merece una detallada visita, y presenta una disposición general del Camino, que atravesaba la villa de este a oeste, entrando por la puerta de Estella. Es de gran interés la iglesia de Santa María, así como los restos de la iglesia de San Pedro del siglo XIV. Viana, situada en el extremo de Navarra, fue fundada oficialmente por Sancho el Fuerte en el ciño 1219, pero algunos historiadores e investigadores, como el benedictino Argaiz, aseguran que su nombre proviene de Diana, esa diosa pagana que tan importante fue (y aún lo es en ocasiones) para las brujas y brujos, que eran muy abundantes en la zona. En los alrededores de Viana se han encontrado restos arqueológicos que se remontan a tiempos anteriores a la conquista romana, y que bien pueden corresponder a esta antigua Diana de la que nos habla el anteriormente citado monje en su libro *Población eclesiástica de España* en el siglo XVII. Nuestra próxima visita será Logroño, ya en tierras riojanas. Esta ciudad con nombre que nos remite al dios protohistórico Lug, conserva en su casco antiguo todo el sabor medieval del Camino. La Rúa Vieja y la calle Mayor eran las que empleaban los peregrinos para entrar a la ciudad, y seguidamente atravesarla, visitando la iglesia de Santiago el Real, donde se conserva una imagen de la aparición de Santiago en la batalla de Clavijo. Todavía se conserva en la ciudad una fuente conocida como "de los peregrinos".

Seguiremos hacia Navarrete, donde existieron varios

hospitales para peregrinos. En esta zona, en un lugar que se conoce como "El poyo de Roldán", se dice que tenía su vivienda el gigante (ya hemos dicho anteriormente que en el camino se repetía la aparición de leyendas e incluso restos como en orden, que nos hablan de la existencia de gigantes en la zona) Ferragut, descendiente del gigantesco Goliat, el cual se asegura que guardaba prisionero a un contingente de caballeros cristianos. Nos dice la leyenda que el famoso Roldán, viendo que el gigante dormía a la puerta de su fortaleza, aprovechó la ocasión para lanzarle una piedra inmensa que pesaba dos arrobas, a la frente del gigante, pudiendo, de esta manera, liberar a los prisioneros cristianos.

Existió en la zona un hospital conocido como Albergue de San Juan de Acre, del que aún quedan algunas piedras. En un capitel se puede apreciar el combate entre Roldán y Ferragut.

Seguidamente, hallaremos Nájera, cuyo origen se pierde en el tiempo y que muy probablemente fue lugar de reunión e iniciación de unos misteriosos anacoretas de los que apenas nada sabemos, y que es más que posible que no fueran de origen cristiano.

Estos extraños personajes vivían en las cuevas cercanas, dedicados a sus prácticas actualmente desconocidas. Vemos que en todo el Camino se repite la existencia de personajes que habitan dentro de la tierra, en sus entrañas, buscando, en ese contacto con la piedra virgen, una contestación a sus preguntas y una comunión total con las fuerzas de nuestro planeta. Es interesante visitar la cueva de Santa María, la cual está rodeada de una simbólica y esotérica leyenda que nos dice que el año 1044, el joven rey había salido a cazar a orillas del Najerilla cuando de pronto cruzó una perdiz. El real cazador lanzó su halcón tras la presa, y ambas aves penetraron dentro de una cueva. El rey entró seguidamente en ella, y es entonces que encuentra la imagen de santa María y, a sus pies, una jarra de azucenas que perfuman el ambiente. El monarca tomó aquello como una señal del cielo que se ponía de su lado en la campaña militar que iba a emprender. Al año siguiente conquistó Calahorra, y la parte del botín que le correspondía, la empleó para levantar el templo a la Virgen.

En esta leyenda nos volvemos a encontrar, como en muchos casos, con una Virgen aparecida dentro de una cueva y unos pájaros que señalan su situación y facilitan el encuentro. La imagen que hoy preside la cueva es posterior, seguramente de finales del siglo XII.

Hemos de recordar al lector que se encuentra relativamente cerca de dos santuarios de importancia: San Millán de la Cogolla y Valvanera, pero que, por ser ajenos al Camino jacobeo, nos limitamos solamente a mencionar.

Seguiremos hacia Santo Domingo de la Calzada, pasando antes por Azofra, que contó con un hospital y un cementerio muy probablemente destinado a los peregrinos.

La carretera que nos conducirá a Santo Domingo coincide casi totalmente con el viejo Camino medieval.

Esta población es, sin duda, una de las más importantes de todo el Camino. Santo Domingo es llamado por algunos, la "Compostela Riojana". Todo lo que es en la actualidad, lo debe al Camino o Calzada que el santo por allí trazó. Este hombre (1019-1109) que actualmente da nombre a la ciudad, se encargó de talar el bosque que allí existía, construyó el Camino desde Nájera hasta Redecilla del Camino, hizo edificar el puente sobre el río Oja (posiblemente deformación de río Oca) y levantó algunos edificios, entre ellos un hospital para peregrinos.

Al construir la catedral que contiene su sepulcro, hubo de desviarse el primitivo Camino. Esta era una de las localidades que era parada obligada para los santiaguistas.

En esta localidad jacobea se da una extraña leyenda llena de simbología, y que nos lo recuerda el dicho: "Santo Domingo de la Calzada, donde cantó la gallina después de asada".

Catedral de Santo Domingo de la Calzada

Su supuesto origen es el siguiente: en el siglo XIV, un peregrino, de nombre Hugonell, viajaba hacia Santiago acompañado de sus padres. Por no ceder a los favores que cierta muchacha de un mesón le ofrecía, esta lo involucró en un supuesto robo, razón por la cual fue ejecutado. Los padres continuaron la marcha hasta Santiago, pero tiempo después, cuando regresaban, oyeron la voz de su hijo, que estaba vivo. Entonces fueron corriendo a avisar al corregidor, el cual se hallaba dispuesto a comerse un gallo y una gallina, los dos muertos y cocinados. Al oír a los pobres padres, el corregidor, lleno de incredulidad, les dijo que, si el muchacho estaba vivo, aquellos animales se pondrían a cantar en el plato, y en efecto, cantaron, y de esta extraña leyenda viene el famoso dicho.

Merece una visita su magnífica catedral edificada a mediados del siglo XII. La hospedería que fundó el santo es actualmente un arador nacional.

Seguiremos hacia Redecilla del Camino, ya en tierras burgalesas, y podremos observar cómo, en este pueblo, se conserva aún el trazado del Camino en su calle Mayor. Tuvo un importante hospital para peregrinos. Para las personas interesadas en la simbología esotérica, les recomendamos un detenido estudio de su pila bautismal, que se remonta al siglo XI y tiene claras influencias mozárabes, la cual, según García Atienza, tiene el simbolismo del sentido mandálico de la Jerusalén Celeste. Juzgue el lector por sí mismo.

Dejando atrás Castildelgado, donde se fundó en el siglo XII un hospital, llegaremos a Viloria, cuna del gran arquitecto jacobeo santo Domingo, que nació en una casa cercana a la iglesia, que aún conserva la pila donde fue bautizado. Nuestra próxima meta será Belorado, que en su origen fue un núcleo formado por castellanos y francos. Las iglesias de Santa María y San Pedro conservan imágenes de Santiago, representado como peregrino y como guerrero. En la primera iglesia que encontraremos a la entrada del pueblo, hasta hace poco (quizá aún continúe) se podía observar, en un oscuro rincón, una estela con la cruz templaria, quizá proveniente de algún enterramiento en la zona.

En Espinosa del Camino, a parte de su clara referencia a la ruta jacobea, nos encontramos, ya lo dijimos antes, con la referencia al espino constante en todo el Camino.

Villafranca de Montes de Oca, fue otro núcleo con un importante poblado de origen franco. Nos encontramos ya en los misteriosos Montes de Oca, que hacen alusión clara a ese símbolo iniciático que es constante en toda la ruta jacobea, y en su simbología esotérica. En la antigüedad tenían mala fama estos montes, y se aseguraba que estaban plagados de bandidos y salteadores, que causaban estragos entre los peregrinos que caían en sus manos. Es muy interesante visitar la iglesia de Santiago de esta localidad, y observar la magnífica vieira que se utiliza como pila para el agua bendita, y que, según cuentan, fue traída desde las islas Filipinas. Existe en la zona la tradición de que san Indalecio fue torturado en un pozo cercano, y que dicho martirio hizo que apareciera un manantial de agua sagrada. Cada 11 de junio se hace una peregrinación al pozo, en honor a dicho mártir.

A la salida del pueblo encontramos la ermita de la Virgen de Oca, cerca de la cual existe un manantial que era utilizado por los romeros medievales. Si el lector tiene tiempo y ganas, le recomiendo un paseo por aquellos montes, antaño llenos de vegetación, de la que no queda demasiado en la actualidad. En esa zona se adivina una realidad diferente a la que podemos intuir en otros lugares mágicos, personalmente es un lugar que me impresiona, y que estoy convencido de que guarda algún oculto arcano que está esperando que sea resuelto. Son montes donde (siempre hablo a nivel personal) se respira algo inquietante que llena el ambiente. A unos doce kilómetros por una carretera en un estado bastante lamentable (quizá cuando lea estas páginas habrá sido adecentada) nos encontramos con una pequeña aldea, San Juan de Ortega, donde residen los restos de este gran santo y constructor, compañero de vocación de santo Domingo, y que al igual que él, se dedicó a levantar puentes y a la conservación y trazado del Camino. Se cree que nació en Quintanaortuño hacia el 1080, en el seno de una familia acaudalada, pero prefirió la vida ascética y se retiró a los Montes de Oca (quizá buscando ese secreto, el cual estoy convencido que guarda dicha sierra).

Se dice que este santo es aún, en la actualidad, milagrero, y que la gente de la zona lo invocaba después de su muerte, pidiéndole toda clase de hechos milagrosos, que, al parecer, si hemos de hacer caso a las crónicas, se efectuaron en diversas ocasiones.

Si después de muerto fue milagrero, en vida, además de un gran constructor, fue un gran peregrino, ya que en una época tan peligrosa en tierras orientales como fue el siglo XII, él tomó la determinación de peregrinar a Tierra Santa, y así lo hizo. Con la ayuda de dos sobrinos y el apoyo de su propia hacienda, fundó un lugar de acogida para peregrinos y desarrolló lo que conocemos como Canónigos Regulares. El rey Alfonso VII le brindó su amistad, y le concedió grandes privilegios, llegando el año 1142 a donarle el Realengo de los Montes de Oca, pero, ante todo, él era un constructor y siguió su obra de perfeccionar el Camino hasta su muerte, acaecida el 2 de junio de 1163.

En la iglesia románica de San Juan de Ortega se produce un fenómeno extraordinario, y que no es más que uno más de los mensajes que los hermanos constructores dejaron en el camino. Durante los dos equinoccios anuales, o sea 21 de marzo y 22 de septiembre, un rayo de luz poniente ilumina, a las cinco de la tarde (lógicamente hora solar), el triple capitel de la Anunciación.

Es todo un símbolo de la fecundidad y del culto solar aún vivo en la Edad Media. No olvidemos que este santo es invocado por los matrimonios que no pueden tener descendencia.

Catedral de Burgos

Nuestra próxima visita será a la majestuosa ciudad de Burgos, a la cual accedían los peregrinos por la calle de las Calzadas, y proseguían por la de San Juan, los Avellanos y la de Fernán González, para desembocar seguidamente en la catedral, iniciada en el año 1221. Actualmente pocos son los restos del Camino que podemos encontrar en la capital burgalesa, quizá, como dicen Morín y Cobreros, debido a que en la ciudad apenas queda arte románico, y es este estilo fundamentalmente el que nos da los mensajes de la ruta jacobea.

La catedral está, seguramente, inspirada en la famosa Notre-Dame, la cual había sido visitada por el obispo Mauricio en 1218, en un viaje preparatorio para la boda de su monarca. Dicho obispo, al llegar a Burgos empezó la construcción del edificio, y ya en 1230 dicho obispo pudo celebrar la misa en la catedral que tanto le ilusionaba.

El nombre del primer constructor (maestro) que inició los trabajos de la gran obra arquitectónica, es actualmente desconocido, pero sabemos que le siguió el maestro Enrique, que junto con sus hijos también trabajó en la catedral de León.

A la salida de Burgos nos encontramos con un espléndido edificio que fue hospital de peregrinos, y que en su abandono todavía conserva la fastuosidad de los mejores años de la peregrinación. En sus alrededores aún pueden verse algunos símbolos que nos recuerdan que estamos en pleno Camino.

Para quien tenga tiempo, recordarles que saliendo de Burgos en dirección a Madrid (y lógicamente apartándose del Camino Compostelano) se puede visitar el magnífico monasterio de Santo Domingo de Silos, con su laboratorio alquímico, con el mensaje oculto que nos comunican sus capiteles, y su inmenso ciprés, árbol sagrado que simboliza la resurrección, y que en algunas zonas de España se utilizaba hasta hace relativamente poco, como símbolo de hospedaje para el caminante.

Nosotros seguiremos por el Camino y desde Burgos nos dirigiremos dirección a Palencia, para desviarnos al poco, por la nacional N-120, siguiendo las direcciones a León. El primer lugar que visitaremos será Boadilla del Camino, habiendo dejado a nuestra espalda Castrojeriz.

En Boadilla tenemos que visitar la bella pila bautismal,

que, citando palabras de Atienza, la describe así: "Sostenida por doce columnas que parecen corresponder a pies de algún animal mítico, por las pezuñas que sirven de pedestal, la pila se compone de una triple cenefa". Según algunos investigadores, en la pila existe un mensaje dejado por antiguos rosacruces, pero su simbología es todavía desconocida, así cada investigador tiene su propia teoría.

Pila bautismal de Boadilla

Ahora el Camino nos reserva una grata sorpresa: Frómista. Con su monasterio de Frómista, del más puro estilo románico, dedicado a san Martín, y que fue fundado por doña Mayor, condesa de Castilla, viuda de don Sancho, rey de Navarra, tiene su origen en la mitad del siglo XI, hacia el 1066. A la muerte de su esposo, doña Mayor se retiró por espacio de treinta años a este bello monasterio. En el año 1118, la polémica reina doña Urraca, cedió el monasterio a los monjes del Cluny, que estaban en Carrión. Las disputas por la posesión de dicho edificio hicieron que sufriera graves deterioros, principalmente en el siglo XV (1414).

Los canecillos de toda la iglesia son un compendio de simbología medieval, pudiéndose observar figuras humanas, bustos, carneros, lobos (quizá perros) y patos, ese animal (oca, ganso, etc.) que permanece constante como emblema representativo del Camino, y son de destacar las imágenes de serpientes (siempre el símbolo serpentario) que parecen morder a un hombre, o que se enrosca en los pechos de una mujer (simbología clara de la fecundidad).

Esta población, conocida también por "Villa del milagro", tuvo una importantísima colonia judía, y con toda seguridad tuvo su sinagoga, de la que solo sabemos que estaba muy cercana a San Martín, y según algunos autores, hasta no hace demasiados años, a los habitantes de Frómista, sus vecinos los llamaban los "rabudos" por considerarlos de origen judío.

Nuestra próxima parada será en la histórica ciudad de Carrión de los Condes. Su origen es incierto pero remoto, así, sabemos que hacia el siglo VIII antes de Cristo, se establece, en dicha zona, un extraño pueblo, que se conoce como "los cares", a los que se supone de origen oriental (quizá de Asia Menor). Seguidamente llegarían los celtas, los vacceos, romanos, visigodos y árabes, multitud de pueblos que formarían el espíritu del pueblo de Carrión.

En esta localidad son numerosos los monumentos a visitar, pero solo vamos a reseñar brevemente algunos: la iglesia de Santiago, que fue quemada durante la guerra de la Independencia, de estilo románico, es un bello ejemplar de iglesia jacobea. La iglesia de Santa María del Camino, la más antigua de la población, y a la salida del pueblo, conviene una visita al monasterio de San Zoilo, originario del siglo X, se llamó de San Juan Bautista y, reformado en el siglo XI, tomó su actual nombre. Fue habitado por monjes cluniacenses, y de su estilo románico ya quedan desgraciadamente pocas huellas.

Durante mi última estancia en esta población conocí unos de los casos que más me han impresionado en el Camino. En la hospedería de la localidad conocí a un peregrino suizo, de Zúrich, que, al cumplir los setenta años, decidió peregrinar a pie desde su ciudad natal hasta Santiago, para vivir el camino, según palabras suyas. Llevaba una enorme mochila (unos quince kilos) y un bordón hecho por él mismo, que el día anterior le había servido de arma para alejar a un grupo de perros salvajes (el viejo Camino está lleno) que le atacaron. Todo él irradiaba paz, y estoy convencido de que, en aquella persona, de una educación y bondad exquisitas, encontré a uno de los últimos buscadores que están recorriendo el Camino tal como lo hacían los verdaderos iniciados de la antigüedad. Bastantes días después, regresando yo de Santiago, me lo encontré por tierras del Páramo, y su silueta de viejo peregrino, y sus palabras dulces y sabias de quien sabe (hablábamos en francés), quedaron grabadas en mi corazón como una de las experiencias más importantes que viví en el Camino. A algunos kilómetros de Carrión, y fuera del Camino, se halla un lugar conocido como San Mamés de Campo (otra vez este personaje cristianizado).

Por la carretera observaremos gran cantidad de vieiras que nos señalan el Camino. Llegaremos a un pueblo de nombre sugerente, pero que desgraciadamente no nos dará ninguna satisfacción en nuestra búsqueda, me refiero a Terradillos de los Templarios. Por el nombre, es lógico imaginar que perteneció a los Caballeros del Temple, pero de su estancia no queda ni la menor señal.

Tras algunos kilómetros de aburrida carretera, nos encontraremos con la importante población de Sahagún.

En esta población nos encontramos de nuevo con la tradición de gigantes que ya hemos comentado en anteriores pueblos. En esta ocasión se llama Aigolando, y es de origen musulmán, el cual mantuvo sus más y sus menos con el mismísimo Carlomagno.

Existe además una leyenda llena de simbología que nos dice que a orilla del río Cea las lanzas de los cristianos "florecieron". Según algunos historiadores, las largas hileras de chopos existentes en la zona pudieron ser el origen de tal leyenda, aunque creemos que su origen es bastante más esotérico, pues las lanzas que florecen es un claro símbolo de cambio, de transmutación de la violencia por la pureza de la flor.

Sahagún es la contracción de San Fagún o Facundo, que fue martirizado durante las persecuciones de los emperadores romanos.

Sabemos que a principios del siglo X ya existía en la zona un importante monasterio, pero el auge de la población vino de manos de los monjes cluniacenses, que llegaron hacia el año 1080.

Esta población jacobea llegó a tener, en sus buenos tiempos, hasta cinco hospitales, uno de los cuales, el del monasterio, tenía sesenta camas en el siglo XI, y en el siglo XV amasaba 2000 fanegas de trigo anuales. Esto nos da una impresión de la importancia medieval del lugar.

A la salida del pueblo se halla la iglesia de la Peregrina, donde se hallaba una imagen de la Virgen vestida con ropas peregrinas, de allí su nombre. Ahora esta imagen se conserva en la vecina iglesia mudéjar de San Lorenzo, declarada monumento nacional desde hace algunos años.

Ya en tierra de León, y aproximadamente a la altura del kilómetro 309, hay una carretera que nos llevará a San Miguel de Escalada, todo un compendio del sagrado arte de la arquitectura sacra, con proporciones geométricas que ya describe García Atienza en su obra *Segunda guía de la España mágica* de Martínez Roca. La proporción entre los números y la piedra se hace evidente en este majestuoso monumento.

Volviendo al kilómetro 309, podremos observar, si miramos con atención, una indicación que nos avisa de la existencia, en las proximidades, de cuevas aún habitadas.

Mansilla de las Mulas, fortificada en la Edad Media, aún conserva parte de sus murallas. Sabemos que existió en la localidad una judería de la que no quedan restos, así como cuatro hospitales para los romeros, dos conventos y siete iglesias. Su origen posiblemente se debe al paso por la zona del Camino Jacobeo, y se puede remontar a finales del siglo XII, fecha en que el rey Fernando XI de León les concedió carta puebla y el feudo de Benavente.

Nos encontraremos, poco después, con el pueblo de Arcahueja, posible deformación de "Arca (dolmen) hueca", haciendo referencia a algún posible monumento megalítico en la zona.

León, una de las ciudades más importantes y con más trascendencia de toda la ruta jacobea.

Según Aymeric, esta población es "una de las más grandes de España, real y curial, llena de toda clase de felicidades". Su origen conocido se remonta al imperio romano, cuando la Legión VII Gemina, allí por el año 68 de nuestra era, estableció un imponente campamento fortificado en lo que hoy es la ciudad leonesa. Tuvo, en sus tiempos de esplendor, una soberbia muralla con cuatro puertas; algunos de sus lienzos se conservan, aunque muy restaurados. Con la invasión árabe de la España visigoda (año 711), la ciudad es casi abandonada, pero a principios del siglo X (910-924) el rey Ordoño II, hijo de Alfonso III y sucesor de García I, la convirtió en capital de su reino, pero su esplendor máximo lo tuvo en tiempos de Alfonso VII, que en el año 1135 la hizo ciudad imperial.

El itinerario aproximado que seguían los peregrinos al entrar en la ciudad era por el puente de Castro, penetrando en el barrio medieval por la calle Miguel Castaño hasta la iglesia de Santa Ana (la Gran Madre); más adelante encontraban las iglesias de Santa María del Mercado y la Concepción (que después fue convento). En la Rúa seguiremos dirección a la plaza de San Marcelo, y de allí a la catedral. Este soberbio edificio es, sin duda, el más puro gótico que existe en España. Se empezó a construir hacia el año 1205 y se terminó prácticamente en el mismo siglo. Está edificada sobre la catedral románica, que a su vez se edificó aprovechando el lugar donde habían existido unas viejas tierras romanas. Su planta de cruz latina tiene tres naves con preciosos grupos escultóricos en el crucero, y también en el hastial de poniente. Lo que más fascina de este edificio, compendio de arquitectura sagrada y saber, son los vitrales, únicos en el país. Están compuestos de 125 ventanales, 57 rosas u óculos, tres rosetones de dimensiones majestuosas, todo ello en una superficie aproximada a los 1800 metros cuadrados de cristal y luz. Es también interesante la visita al claustro gótico y renacentista, así como el museo, que los domingos está cerrado.

Fíjese el peregrino (o el viajero, llámese cada cual como más le guste) en la imagen de Santiago que figura a la izquierda de la Virgen Blanca, en la portada principal, pues la tradición jacobea recomienda que se pose las manos sobre la columnilla que le sirve de pedestal.

La Puerta del Perdón es también parada obligada en esta ciudad, pues el edificio de la Real Colegiata es uno de los más bellos exponentes del románico, y lugar de reposo de los restos de san Isidoro. Sabemos que se edificó sobre los restos de un templo pagano, posiblemente de Mercurio. En un principio se levantó sobre los cimientos romanos una antiquísima iglesia de San Juan (posiblemente visigoda) y junto a ella se levantó en el siglo X (año 966) otra dedicada a san Pelayo, pero ambas fueron arrasadas a finales de ese mismo siglo por las huestes del caudillo musulmán Almanzor. A principios del siglo VI se restauraron y fueron convertidas en Panteón Real. En el año 1063 llegaron a León los restos de san Isidoro que reposaban en la capital hispalense. Estos restos fueron alojados en una nueva iglesia levantada por los reyes Fernando y Sancha, que sentían gran devoción por la santa reliquia. Aún hoy se conserva el Panteón Real, que guarda 23 cuerpos reales. Por sus pinturas románicas del siglo XII, algunos la denominan la "Capilla Sixtina del Arte medieval". Normalmente el templo está siempre abierto, tanto de día como de noche, y su Puerta del Perdón, también llamada de los Peregrinos, es, sin duda, una de las obras cumbre del maestro Esteban, uno de los tres que, junto a Pedro de Ustambe, edificaron la obra. El maestro Esteban es el de la portada de la Platería compostelana, sin duda, uno de los maestros constructores que más sabiduría dejaron a lo largo del Camino. Estuvo en León la casa madre de los Caballeros de Santiago de la Espada, fundados para ayudar y proteger a los peregrinos. Son muchos los lugares a visitar en la capital leonesa, pues toda ella es historia. Saliendo de León, en dirección a Astorga, encontraremos varios pueblos en los que se refleja sobradamente su origen jacobeo, como Trobajo del Camino, Virgen del Camino, San Miguel del Camino; en este último pueblo existió un importante hospital para los romeros. Nuestra próxima meta será Hospital de Órbigo, con su legendario puente. En esta zona se han llevado a cabo algunas de las más sangrientas batallas de nuestro país, no solamente en tiempos de la reconquista, sino anteriormente, entre los ejércitos visigodos y las hordas suevas.

La Puerta del Perdón

Vale la pena atravesar el famoso puente, el del Paso honroso, que nos habla de una extraña historia de amor, que es muy difícil de comprender para la gente del siglo XXI, pero que en los tiempos de la Caballería y las justas era cosa digna y honrosa. Pasamos a referir el curioso acontecimiento: corría el año 1434, y vivía por la zona un caballero de nombre Suero Quiñones. Este estaba prendado de una dama del lugar, pero esta lo despreció, y el caballero reaccionó de una manera un tanto peculiar, pues se comprometió a defender el puente contra todo aquel que quisiera atravesarlo, y junto a otros nueve caballeros leoneses, juró batirse hasta romper trescientas lanzas. Los enfrentamientos empezaron el día 10 de julio, y se alargaron por espacio de treinta días. Terminados los combates, los campeones se encaminaron hacia Compostela, donde depositaron una gargantilla de oro y rezaron al apóstol, dándole gracias.

El puente aún en la actualidad es impresionante, y con toda seguridad se remonta a los romanos. En Hospital de Órbigo aún se pueden apreciar unas ruinas que parece ser fueron del hospital que dio nombre a la localidad.

Seguidamente, encontraremos Astorga, ciudad importantísima del Camino, pues según las crónicas, en la época de las grandes peregrinaciones compostelanas contó con veintidós hospitales, lo que nos da una idea de su importancia. En ellos encontraban refugio tanto los romeros que venían por el Camino francés, como los que procedían de Portugal y del Camino de la plata. De estos hospitales, hoy solo nos queda el llamado Hospital de Astorga. En esta localidad se da un hecho curioso: en este Camino que, como ya hemos dicho anteriormente, fue recorrido no solo por peregrinos católicos y oficiales, sino también por los buscadores de lo trascendental, alquimistas que iban al encuentro de Su Gran Obra, ocultistas a la búsqueda del saber, caballeros de órdenes religioso-militares-esotéricas (tanto cristianas como musulmanas), y los grandes constructores iniciados, y es en este punto donde no puede estar ausente el hombre que quizá haya sido el último arquitecto mágico de nuestro milenio, lógicamente estamos haciendo referencia a ese místico y heterodoxo que fue Antoni Gaudí, que también sintió la necesidad (quizá la llamada) de ir a Santiago de Compostela hacia el año 1890, aproximadamente.

Este genio de la arquitectura esotérica, que dejó plasmado todo su saber en ese gran arcano simbólico que es la Sagrada Familia de Barcelona, recibió del doctor Grau, el encargo de edificar el Palacio Episcopal, que se empezó a construir hacia el año 1889. En este edificio se ubica un Museo de los Caminos digno de una detallada visita, así como el resto de la ciudad.

A nivel anecdótico, recordar al lector que este no es el único edificio que Gaudí dejó en tierras jacobeas, pues en la ciudad de León se encuentra la primorosa edificación conocida como La Casa de los Botines.

Astorga tiene un origen muy oscuro y, en algunos casos, del todo mítico, pues mientras las primeras noticias ciertas que tenemos del lugar se remontan a tiempos en que fue un castro de los amacos, y además, tiene un recinto amurallado que se remonta al imperio romano (los cuales la habían bautizado con el nombre de Astúrica, posiblemente por el origen astur de sus primeros habitantes), también existe una leyenda (quizá, algo más) que hace remontar su fundación a tiempos muy anteriores, y así nos encontramos con una tradición según la cual esta ciudad fue fundada por Astyr (después llamado Astur} que era el auriga de Memmón (otros le llaman Memnón), ese semidiós que rindió cuerpo y alma ante el irascible e implacable Aquiles durante la famosa y verdadera (que a nadie le quepa duda) guerra de Troya, verdadero enfrentamiento de oriente contra occidente, acaecido a finales del segundo milenio antes de nuestra era.

La fundación de ciudades por gentes venidas desde la destruida ciudad troyana, son ciertamente abundantes en todo el Bierzo y comarcas cercanas, como es el caso de Astorga que aquí tratamos, y aunque los arqueólogos sonrían ante tales niñerías, pensemos que por nuestra piel de toro han pasado más culturas y civilizaciones de las que la ciencia oficial y ortodoxa nos refiere, así, por ejemplo, pensemos en las figuras de dioses egipcios aparecidos en tierras de Girona (el Empordà) o las diosas de origen etrusco que aún hoy se siguen encontrando en tierras del norte peninsular, principalmente Asturias y Cantabria, y que, desgraciadamente, pasa, en general, desapercibido su hallazgo.

Estoy convencido de que el verdadero origen de dicha ciudad nunca será aclarado con certeza, pero vale la pena dejar constancia de este posible origen proto-histórico de esta ciudad de tan gran importancia en el Camino hacia Santiago.

Volviendo al anteriormente mencionado arquitecto catalán, creo conveniente recomendar al lector que se interese por la historia esotérica y principalmente su obra mágico iniciática, que consiga (no es difícil) la obra de otro heterodoxo de nuestros tiempos, el escritor, ya fallecido, Joan Llarch (al que me unió cierta amistad cuando los dos colaborábamos en la revista *Mundo misterioso*) que apareció con el título de *Gaudí, biografía mágica* editado por Plaza y Janés, en la que se nos ofrece una visión totalmente distinta de Gaudí, que difiere de la que se conoce generalmente.

Tras dejar esta bella localidad y volver a la carretera, atravesaremos algunas alturas de bello aspecto, alguna de las cuales pudo muy bien haber estado coronada por las

torres hoy desaparecidas de alguna fortificación templaria, pues nos dirigimos directamente hacia ese emporio
templario que se llama Ponferrada. Atrás habrá quedado
el espectacular y mítico Valle del Silencio, refugio en la antigüedad de eremitas que en su retiro buscaban la Verdad.

El nombre de Ponferrada tiene su origen en el puente
ferrado que mandó construir, en el siglo XII, el célebre
obispo Osmundo, y que permitía a ciudadanos y peregrinos, atravesar el río Sil. Todavía en la actualidad existe, en
la parte antigua de la ciudad, una callejuela que se denomina "subida del Camino" y por la que, con toda seguridad,
ascendían los peregrinos, que encontraban en Ponferrada
lugar de refugio y exilio, principalmente en los siglos que
los caballeros templarios señorearon el lugar.

Castillo de Ponferrada

La importancia que dicha ciudad tuvo para los Caballeros de la Orden del Temple nos la confirman las dimensiones de su fortaleza, que es, casi con toda seguridad, la

de mayor tamaño de todas las que tuvieron en el camino jacobeo.

Pero es aquí, al hablar de sus dimensiones, cuando se nos aparece una duda, cuanto menos, inquietante: ¿Por qué tan soberbia fortaleza en un territorio relativamente pacífico y sin peligros mayores? Algunos autores especulan con la posibilidad de que en dicha fortaleza se guardara algo muy valioso para los monjes-guerreros, como, por ejemplo, la famosa Arca de la Alianza, posiblemente recuperada por ellos de entre los muros y subterráneos del Templo de Salomón, y que ha sido buscada y deseada por diversos grupos y sociedades secretas de carácter esotérico, e incluso en algunos casos por sociedades político-ocultistas, como las sociedades nazis de principios del siglo XX. Otros investigadores y escritores dejan a un lado el Arca para hablarnos de grandes cantidades económicas, y alguno incluso hace elucubraciones con la posible estancia del Grial en el castillo ponferradino. Fuera lo que fuera, es muy difícil, por no decir imposible, que actualmente lo sepamos. Quizá fue su interés por una zona que ellos sabían que era mágica desde tiempos inmemoriales, y que en ella se encontraban algo que buscaban desde su fundación. Este algo podía ser el aprovechamiento de la vena telúrica que atraviesa todo el Camino de Santiago, y que, en algunas zonas en concreto, se concentra de manera especial. Pensemos que en toda la comarca existía un gran número de encomiendas y castillos del Temple, como Pulver, Balboa, Antares, Corullón, etc.

Hemos de mencionar que en la antigua zona que escogieron los templarios para residir (nos referimos en Ponferrada) existía un gran número de encinas, árbol de características mágicas para algunos pueblos, y pensemos que en dicha localidad existe una Virgen de la Encina, patrona del Bierzo, que, sin ningún tipo de dudas, es la reminiscencia del culto a una antigua diosa-Madre, a la que eran tan devotos los templarios, aunque de forma encubierta.

El castillo, lógicamente, es diferente en su forma al que tuvieron los monjes-guerreros: el portillo, por ejemplo, fue construido casi setenta años después de la desaparición de la Orden templaria. La fortificación puede visitarse, y aún se conserva un edificio, actualmente dedicado a servir comidas típicas de la comarca, que se supone que eran las cuadras de la fortaleza.

En el siglo XV, los Reyes Católicos mandaron edificar un hospital de peregrinos cerca del castillo. También es característica de la ciudad la célebre Puerta del Reloj, buen objetivo para los amantes de la fotografía.

Esta fue, sin duda, no solamente la capital política del Bierzo, sino el punto mágico desde el cual los caballeros del Temple vigilaron una zona trascendental para sus intereses. Seguiremos, ya dejando Ponferrada, hacia Cacabelos, donde existe una ermita de san Roque, ese santo peregrino que ya hemos encontrado por tierras catalanas en nuestro Camino Jacobeo (Cerdaña). En la zona se encuentran diversos yacimientos arqueológicos, destacando el Castro Bergidum y la estación de Edrada.

Hacia el norte de Cacabelos se encuentra Vega de Espinareda, que nos vuelve a traer el recuerdo de la espina, y más aquí, estando tan cerca el castillo templario (en muchas ocasiones, cerca de un enclave templario aparecen lugares que hacen referencia al espino).

Villafranca del Bierzo, hija del Camino, tuvo su origen en una colonia de francos que se establecieron en la zona por los primeros años del siglo XI. Posteriormente llegaron los monjes del Cluny, que levantaron la iglesia de Nuestra Señora del Cluniaco.

En esta localidad se halla una iglesia bajo la advocación de Santiago, románica del siglo XII, en la cual alcanzaban el perdón todos los peregrinos que se sentían impedidos de llegar a Compostela. Todavía en este templo existe una puerta llamada "del Perdón". En esta población existe, además, una edificación donde coexisten los estilos románico y gótico y cuya fundación se atribuye a san Francisco, que además da nombre al edificio. Tiene una nave con interesante artesanado mudéjar. Se dice que tuvo seis hospitales para romeros. Los peregrinos atravesaban el pueblo por la calle del Agua, que aún conserva cierto aire medieval. Cerca de dicha población existió una encomienda de los caballeros hospitalarios, cuyo edificio primigenio se remontaba a la dominación visigoda (hacia el siglo VI).

El verdor de Galicia se deja ya sentir desde hace algunos kilómetros, la carretera asciende dejándonos ver un bello paisaje montañés, dejando atrás la misteriosa sierra de los Aneares, territorio que, al igual que los montes de Oca (los dos llevan el nombre de este simbólico animal), guardan celosamente el secreto que muchos buscadores desde hace milenios intentan conocer.

El puerto de Pedrafita, de casi 1100 metros de altura, nos brinda un panorama difícil de olvidar, y más si pensamos que aquel coloso era subido a pie por los peregrinos, muchas veces con nieve y frío glacial. El Cebreiro será una parada obligatoria y que gustosamente hemos de hacer, pues el lugar guarda un encanto difícil de encontrar en otros lugares. Alguien lo llamó (y creo que con razón) el "Pórtico de Galicia". En este pueblo podremos disfrutar de la visión de verdaderas pallozas, en todo semejantes a las que utilizaban los celtas hace veinticinco siglos. Este poblado surgió como lugar de refugio de peregrinos, y es quizá uno de los más primitivos lugares de protección de romeros que surgió en todo el Camino. En el año 1072, Alfonso VI lo puso en manos de los monjes de la Abadía de Saint Géraud d'Aurillac, que después fue anexionada al Cluny. Existe, en esta localidad, un bello templo donde se conserva un cáliz que es conocido como "el Grial gallego", y que tuvo gran fama en los últimos años del Medievo, y principalmente durante el siglo XVI, que es cuando se supone que se realizó el milagro eucarístico del Cebreiro, el cual vamos a referir. Durante una tremenda tempestad de viento y nieve, un campesino que procedía del pueblecito de Barxamaior, llegó al Cebreiro con la intención de asistir al Santo Oficio de la misa. Esta era celebrada por un sacerdote de poca fe que, ante el pío esfuerzo del campesino, se burló de su entereza y espíritu de sacrificio. En el momento de la consagración, el burlón monje pudo observar cómo el pan se convertía ante sus ojos en verdadera carne, y el cáliz en sangre, que hierve y tiñe los corporales. Los corporales con la sangre quedaron en el cáliz, y la Hostia en la patena.

Sobre la fecha exacta del supuesto milagro nada se sabe, aunque se supone que fue alrededor del siglo XIV.

En el año 1486, los Reyes Católicos, en su peregrinación a Santiago de Compostela, se hospedaron con los monjes y conocieron el milagro, y muy impresionados, donaron el relicario donde se ha guardado el milagro hasta nuestros días.

Es muy posible que esta tradición religiosa inspirara a Wagner en su obra parsifálica. Este cáliz es el que preside el escudo nacional de Galicia.

El llamado "Grial Gallego"

El templo antes mencionado es de factura prerrománica, y de características peculiares, sumergido en la tierra para protegerse, según las teorías oficiales, de las fuertes tempestades, aunque son varios los templos que conocemos que se hallan en las mismas condiciones, siempre en lugares mágicos y de tradición telúrica, lo que nos podría indicar que dichas características se realizaban para un mayor aprovechamiento de las fuerzas naturales del planeta.

Cuatro de las pallozas pertenecen al Patrimonio artístico, dos dedicadas a refugio de peregrinos, y otras dos al Museo Etnográfico.

Es muy posible, yo diría que casi con seguridad cierto, que este lugar corresponde con el "Munt Febrayr" que menciona el viajero árabe Idrisi, que llevó a cabo sus viajes en la alta Edad Media.

Para las personas amantes de las fiestas populares y principalmente de las romerías, les recordamos que los días ocho y nueve de septiembre se reúnen alrededor del Cebreiro, (antiguo Zeberrium) más de treinta mil romeros, que acuden de toda España, principalmente de Galicia y del antiguo reino de León.

Según P. Yepes, el mesón-hospital se remonta exactamente al año 836.

Poco más podemos decir de este maravilloso lugar, que es, sin duda, uno de los más interesantes del camino jacobeo, y donde se puede revivir, aunque sea por unas pocas horas, el ambiente añejo y natural de la peregrinación en sus primeros siglos.

Dejaremos atrás tan interesante lugar, para seguir hacia el Alto do Poio, lugar de terribles inviernos, con abundantes tempestades que han acabado con la vida de más de un peregrino. Este lugar tenía fama de difícil para los antiguos romeros, y aún hoy podemos observar las dificultades de la zona, principalmente en invierno.

Según la tradición, en el Alto do Poio se han realizado varios milagros que, en algunos casos, salvaron la vida de algún perdido y helado peregrino.

Seguiremos hacia Triacastela, un pequeño pueblo que tuvo en el rey Alfonso IX a su mejor protector, pues tuvo la intención de hacer en el lugar una gran ciudad, refugio de peregrinos y emporio económico de la zona, cosa que, como podemos observar, no consiguió en absoluto.

Seguidamente, llegaremos a Samos, donde vale la pena hacer una detallada visita a su abadía, fundada por san Martín Dumiense en el siglo VI.

Las actuales edificaciones son de los siglos XVII y XVIII, y la escalinata de la fachada sirvió de modelo al arquitecto Fernando de Casas para la construcción de la escalinata del Obradoiro de Santiago.

Los monjes benedictinos del lugar son muy acogedores, y se puede hablar afablemente con ellos, que permiten la visita del edificio, que, a nivel particular, debo confesar que me dejó bastante frío, pues apenas nada queda de su construcción original.

Existe en el lugar una ermita prerrománica conocida como del "ciprés", y recordemos que dicho árbol tiene una simbología muy clara: el renacimiento, la victoria de la vida sobre la muerte; no es por casualidad que encontramos dicho árbol en la mayoría (yo diría que en todos) los camposantos.

La población de Sarria, exceptuando algunos restos de sus fortificaciones, apenas nos brindará recuerdos de su antiguo esplendor jacobeo.

Como en tantas localidades y comarcas españolas, el embalse de Belesar (en el río Miño) inundó el antiguo pueblo de Portomarín, aunque, afortunadamente, sus principales edificios de valor artístico fueron trasladados piedra a piedra hasta su nuevo emplazamiento, no muy lejos de su origen, aunque personalmente opino que la localidad moderna no merece, desde el punto de vista jacobeo, una visita demasiado detallada.

Desde aquí es aconsejable tomar la carretera que nos hará enlazar con la comarcal que nos llevará a Lugo. Esta ciudad gallega que no llegaremos a visitar es, como su nombre nos indica, uno de los lugares que más nos recuerda el antiguo culto al dios protohistórico Lug, y, muy posiblemente, en la antigüedad existiera en la zona un lugar sagrado de adoración a dicha deidad.

Aproximadamente a unos nueve kilómetros, cogeremos

la C-547 en dirección a la antigua población de Palas do Rei, que corresponde con la importante "Palatium Regis" que menciona nuestro viejo conocido Aymeric en su peregrinación medieval.

Seguidamente, llegaremos a Melide, localidad que siempre tuvo gran importancia durante las peregrinaciones medievales, y que aún conserva dos importantes templos de estilo románico: San Pedro y Santa María. En este último existen unos extraños signos, concretamente encima de la entrada oeste, agrupados en media circunferencia y que, según algunos investigadores, como Juan Pedro Morín y Jaime Cobreros, recuerdan la antigua y sagrada escritura rúnica, que, como sabemos, era una forma de expresión que utilizaron gráficamente los pueblos nórdicos y germánicos hasta bien entrada la Edad Media, y que, según sabemos, sigue utilizándose todavía entre algunos grupos esotéricos pro-germánicos de clara ideología nacionalsocialista.

Pasaremos por un pequeño pueblo de nombre ya conocido por nosotros: Rúa, palabra que acompaña el Camino desde tierras catalanas. Seguidamente pasaremos por Arca (posiblemente enclave megalítico hoy desaparecido), la pequeña capital del municipio del Pino.

Ya estamos llegando a Lavacolla, lugar donde se lavaban "de la cabeza a los pies" los peregrinos (su nombre Lavacolla, es suficientemente significativo). Apenas les quedaban a los romeros unas dos horas para llegar a Santiago, y el gozo tenía que ser impresionante después de tan duro y largo camino.

Desde allí hasta Santiago solo mencionaremos que a pocos minutos de Lavacolla (Lavamentula la llama Aymeric) se encuentra la ermita de ese santo peregrino, que ya hemos encontrado en más de una ocasión en este libro, nos referimos a san Roque. Actualmente, su capilla es utilizada como refugio para los peregrinos que esperan algunas horas saboreando el éxito de su viaje.

Capilla de San Roque, en Lavacolla

Nuestra próxima meta es Santiago de Compostela, la capital de Europa como alguien la llamó. Pero antes, indicar que los peregrinos tenían su primera visión de Santiago desde la cima del Monxoi, o sea el Monte del Gozo, de 368 metros de altura. Dice la tradición (y es muy posible que sea verdad) que cuando el grupo de peregrinos era numeroso, el primero que llegaba al Monxoi y divisaba las torres de la basílica, era nombrado rey del grupo y algunos añadían este título a su apellido, así aparecen en diferentes países europeos los apellidos: Leroi, Kung, King, Rei, etc.

El primer monumento que divisaba el peregrino al llegar, era el convento de Santo Domingo de Bonaval, sede del Museo del "Pobo Gallego" y panteón de gallegos ilustres. Delante se abre la Porta do Camiño, donde se les entregaban las llaves de la ciudad a los nuevos arzobispos y, desde aquí, ya podían admirar la magnífica catedral que ¿cuántas veces habrá escuchado?: ¡Ha valido la pena!, pues es la primera frase que te viene a los labios ante tan majestuoso espectáculo.

Cuatro magníficas plazas se abren delante de las cuatro puertas que tiene la magnífica basílica. La principal recibe el nombre de Obradoiro por haber tenido, durante unos diez años aproximadamente (1738-1747), el taller (Obradoiro) donde los picapedreros y los constructores labraban y trabajaban las piedras de la fachada barroca que levantó el arquitecto gallego Fernando de Casas e Novoa (a quien ya hemos mencionado al hablar del monasterio de Samos) en sustitución de la románica. Las torres alcanzan una altura de setenta y cuatro metros. A su costado se conserva el palacio de Gelmírez, edificado en el siglo XII, al mismo tiempo que la primitiva catedral de estilo románico. La residencia de los canónigos, en el lado opuesto, alberga en la actualidad el museo catedralicio.

Otros edificios de estilos y épocas diferentes cierran la plaza. El Colegio de San Jerónimo, fundado por el célebre obispo Fonseca, con portada románico-gótica, el Palacio de Raxoi, de estilo neoclásico del siglo XVIII, y el Hospital Real, mandado construir por los Reyes Católicos para acoger a los peregrinos jacobeos que habían llegado a su meta. Este edificio es de estilo plateresco, y actualmente, y de forma un tanto curiosa, ha dejado de dar refugio a los pobres peregrinos para pasar a ser un hotel de gran lujo, al abasto de muy pocos romeros actuales.

La plaza de la Azabachería es la primera que encuentra

el peregrino que llega por el camino francés, y en la antigüedad se la conoció como "puerta del paraíso", aunque en el siglo XVIII, con su reconstrucción, pasó a tener el nombre actual[5].

En el lado opuesto, la puerta del brazo meridional del crucero conserva toda la rica iconografía y simbología del románico. Es la puerta "de las Platerías". A su costado se alza la torre del reloj, también llamada "la Berenguela" de estilo barroco. Detrás se halla la plaza de la Quintana. La Puerta Santa que da a esta plaza solo se abre el "Año Santo Compostelano", cuando la fiesta del Apóstol, coincide con el domingo.

Los edificios, torres y fachadas que se fueron añadiendo con los siglos, ocultan, desgraciadamente a mi modo de ver, la gran catedral románica.

El pórtico de la Gloria, con sus doscientas figuras, constituye una de las más valiosas obras del arte románico universal, y en ellas se encuentra esculpido un verdadero compendio de mensajes y sabiduría.

La nave principal es un modelo de armonía y grandiosidad, en la que pueden respirarse las vibraciones de tantos siglos de fe, de rezo, de oración, un lugar donde incluso los no cristianos se sienten imbuidos de su magnificencia. Conozco casos de personas completamente racionalistas,

---

5   Los azabacheros, o artesanos iniciados en el trabajo de tan curioso mineral, vendían y trabajaban este material en los "boliches" que había en la plaza y que le dio nombre. Muchos construían talismanes de azabache, que en algunos casos eran exportados al Oriente, principalmente las "higas" contra el "mal de ojo" o portadoras de la buena suerte. Un polémico escritor actual asegura que las ha visto incluso colgada del cuello de algunos soldados del extremo Oriente. Este curioso mineral, representó un verdadero grupo gremial durante la Edad Media.

e incluso que se autoproclaman agnósticas, que han entrado en estados alterados de consciencia en tal lugar. En la del crucero se halla el gigantesco Botafumeiro, ese gran incensario que se utiliza solo en algunas ocasiones importantes, yo personalmente opino que la llegada de cualquier peregrino, y principalmente los que han hecho el Camino a pie, es importante, pero desgraciadamente no es así. La ceremonia de purificación del gigantesco "botafumeiro", ya es descrita por Aymeric, y sus dimensiones no dejan de asombrar a cuantos lo ven, pues pesa cincuenta kilogramos, y mide metro y medio de altura.

Pórtico de la Gloria

En la cabecera hay una hermosa girola en la que se abren diez capillas absidiales. Un altar barroco rodea la imagen del santo.

Un claustro gótico-renacentista comunica la Catedral con el Museo.

Esta ha sido una descripción rápida de la catedral, pues hay formidables monografías que nos la describen desde el punto de vista histórico y arquitectónico.

Recomiendo al lector, si decide viajar a Compostela, que se acerque y rodee la catedral, a altas horas de la noche o primeras de la mañana, cuando de verdad se puede respirar la atmósfera especial que surge desde las mismas piedras del edificio.

Catedral de Santiago de Compostela

Lógicamente, en Santiago existe un número elevado de monumentos, pero este tema lo dejamos para las guías especializadas.

Los peregrinos que habían deseado ganar el jubileo haciendo el Camino de Santiago, terminaban aquí su viaje. Ahora les quedaba el duro regreso, aunque con la felicidad interior de haber llegado a Santiago.

Para el buscador que hacía el Camino de las Estrellas, aquella era una etapa más en su Camino. Una etapa, lógicamente, muy importante, pero que no era suficiente para llegar a su meta: el Finisterre.

La otra peregrinación menos conocida: Noya y Finisterre

En este capítulo no vamos a intentar hacer una guía de los caminos que llevan al Finisterre, sino que vamos a ceñirnos a describir dos puntos de gran interés parahistórico y esotérico. Uno de ellos es, lógicamente, el Fisterra (Finisterre), final del Camino de las estrellas que seguían en la antigüedad pueblos enteros. El otro lugar es Noya, el lugar donde posiblemente llegó uno de los muchos "Noés" que han creado leyendas, (y pensemos que la leyenda no es nada más que la historia un tanto oscurecida por el tiempo), no solamente en toda España (ya hemos visto que, al principio de este Camino, en tierras catalanas, también se daba el mito noélico) sino en todo el mundo.

Permítame el lector que, llegado a este punto, de una manera totalmente personal, le comunique mis ideas sobre los "Noés" de las leyendas.

Estoy convencido de que, en el transcurso de los tiempos, ha habido un gran número de cataclismos, si no a nivel planetario, sí a nivel local y en algún caso de gran extensión. Uno de ellos pudo ser el tan traído y llevado desastre de la Atlántida, la cual aún no se sabe dónde estaba situada, pues mientras unos la ubican en pleno Atlántico (yo entre ellos), otros la sitúan en el Mediterráneo, el norte de África, e incluso en el mar del Norte. Estos personajes que llegaban con sus embarcaciones, pertenecían a culturas mucho más avanzadas de las que existían en el lugar del desembarco, razón por la cual tuvieron la oportunidad de enseñar a los pueblos que les acogieron diversos saberes, como la construcción (saber que es constante en todo el Camino), la agricultura (en muchos lugares de tradición noélica se cultiva de manera importante la vid, así por ejemplo tenemos Sant Sadurní d'Anoia, en Barcelona, población conocida en todo el mundo por sus cavas) y en algunos casos la astronomía.

Vemos que en todo el planeta se repite el mito (¿mito?) de estos personajes: así, tenemos a Deucalión en Grecia, Manú en la India, Bergelmer en los países nórdicos, Viracocha en el Perú, Oanes entre los babilonios, y cito estos nombres solo para poner algunos de los ejemplos más conocidos. En todos los lugares de arribada de estos personajes ha perdurado la tradición, e incluso en algunos lugares las gentes han intentado sacralizar la zona del desembarco, y posiblemente ese es el caso de la Noya gallega, y fue esta la razón de que gentes de diversas procedencias geográficas acudieran a morir (quizá, simbólicamente) al lugar. Algunos autores del tema que estamos refiriendo, aseguran que los habitantes de Noya tienen cierto aire de superioridad frente a los demás gallegos. Yo no he visto a ningún habitante del bonito pueblo que estamos tratando que se sintiera superior a sus demás paisanos. Quizá en la antigüedad existiera este curioso clasismo, pero en la actualidad es muy difícil de reconocerlo; si el lector tiene la posibilidad de visitar esta población, juzgue por sí mismo.

En la localidad hay claras referencias al diluvio, así, en la antigua leprosería se ven grabados el Arca y la paloma, símbolos que también veremos en el vitral que hay en el edificio donde tiene su cuartelillo la policía urbana, junto a la iglesia de San Francisco que ¡cuidado! no tiene ninguna relación con las famosas lápidas funerarias que son la meta principal de nuestra visita en dicha localidad. En algunos libros se asegura que tales piedras se hallan, cito literalmente a Morín y Cobreros: "Losas y planchas de piedra grabada con extraños dibujos, repartidas por el cementerio que rodea la iglesia de San Francisco".

Las misteriosas lápidas están exactamente en el camposanto que rodea la iglesia de Santa María la Nueva, y de ellas vamos a hablar.

Detrás de una interesante iglesia medieval en la que podemos encontrar símbolos jacobeos en sus paredes, se encuentra un antiquísimo cementerio. Actualmente contiene tumbas recientes, pero junto a las tapias y por los suelos podemos observar un gran número de lápidas de origen muy antiguo; dicen los historiadores que las más viejas son del siglo X y las más recientes del XVI, pero creo que esto es imposible de saber.

**Interior de Santa María la Nueva
y algunas de las misteriosas lápidas**

Que en un cementerio de origen medieval existan lápidas antiguas nada tiene de extraño, pero si estas no tienen nombres grabados en su superficie, sino extraños símbolos, la cuestión ya es diferente, y más todavía cuando algunos de estos grabados son típicamente ocultistas.

Este misterio se puede abordar desde muchos puntos, y casi todos ellos son posibles. Nosotros los vamos a exponer y finalmente dar nuestra opinión, que, lógicamente, es solo una teoría, al igual que las otras.

Para esta relación de posibles explicaciones al arcano, hemos leído a la mayoría de investigadores que han estudiado el tema.

Primera teoría: debajo de las lápidas no hubo nunca restos humanos, pues la muerte era solo simbólica para unos hombres que allí recibían la verdadera iniciación, algo parecido a las totemizaciones que hacían algunos pueblos antiguos de Norteamérica, o algunas extrañas sociedades secretas tanto antiguas como modernas (por ejemplo la gorgona, sociedad secreta femenina, que hasta hace algún tiempo existía en nuestro país, de la que publiqué un artículo en la revista Karma-7, en la que sus miembros quemaban en un pergamino su nombre y apellidos, y pasaban a tener un nombre secreto que le conferían sus compañeras, simbolizando la muerte en un mundo y el nacimiento en otro).

Segunda teoría: en aquellas tumbas eran enterrados miembros de gremios, así encontramos esculpidas en las lápidas, hachas, tijeras, cuchillos, etc.

Tercera teoría: allí eran enterrados grupos o miembros de sociedades secretas que buscaban, para su descanso eterno, el lugar donde había empezado el saber.

Ahora vamos a exponer mi humilde opinión. Las lápidas, que a simple vista puede observarse que pertenecen a tiempos muy diferentes, sirvieron, en realidad, de tumba (pues, según nos dijeron en la localidad, se habían encontrado restos humanos enterrados debajo de ellas), para una serie de personajes que aceptaban como real la llegada de unos personajes en la antigüedad que, provenientes de una tierra-madre (¿quizá la Atlántida?) y conocedores de que estos primeros iniciadores (pues ellos habían iniciado a los primitivos habitantes del lugar en la construcción, agricultura, astronomía, la química primitiva, etc.) habían sido sus antepasados, sus orígenes, y acudían a morir (de forma real) a aquel primer punto de llegada que sería la matriz de donde se expandiría el saber.

Repito que esta es solo una teoría tan combatible y rebatible como cualquiera de las demás, y me confirmo en la idea de que el verdadero origen y función de esas lápidas quedará siempre como un misterio más de los que rodean el Camino de las Estrellas.

Para finalizar con Noya, indicarle al lector que entre y visite la iglesia de Santa Maria a Nova (la nueva), donde aún se encuentra un gran número de lápidas por los suelos, algunas de ellas con áncoras perfectamente grabadas, que nos indicarían la preocupación por el mar y la navegación, por ese océano que había transportado hasta Noya a los primeros Maestros Iniciadores. Por poco que nos fijemos veremos que las áncoras son de diferentes formas, lo que nos indica también diferentes épocas.

En mi última estancia en Noya me encontré con un grupo de jóvenes escultores que, de una forma totalmente artesanal, trabajaban unas lápidas, pertenecían a una "escuela Obradoiro", y sus golpes de martillo parecían resonar en todo el cementerio, recordando a aquellos antiguos artesanos que grabaron las misteriosas lápidas.

Antes de abandonar Santa María y su cementerio, puede el lector buscar algunas vieiras grabadas en las paredes y, junto a una de estas, se puede observar un rostro, que me interesó de gran manera, pues esta extraña cara de piedra que nos observa desde este templo en un punto situado cerca del Finisterre, el cabo más occidental de la península, es casi exacta a la cara que nos observa, entre risueña y burlona, en otro templo medieval situado a muy pocos kilómetros del cabo más oriental de la península, y que al igual que Finisterre, es considerado desde la más remota antigüedad, lugar mágico y sagrado; nos estamos refiriendo a la iglesia de Santa Elena, a unos quinientos metros de Sant Pere de Roda, lugar mágico-telúrico muy cercano al Cap de Creus. ¿Casualidad, mensaje para quien visita los lugares antes mencionados? Juzgue el lector (Ver *Rutas por la Catalunya mágica I y II parte*, del autor).

Recordemos que estamos a pocos kilómetros de Compostela (unos treinta y dos aproximadamente) y que quizá el misterio del Noé de Noya puede estar vinculado, y quizá más de lo que creemos, con el gran arcano Jacobeo.

Seguiremos hacia nuestro punto final, que para algunos fue final y principio y que conocemos como Finisterre (Fisterra en gallego), el "final de la Tierra", donde para los antiguos empezaba el "mar siniestro", el cual se creía que no tenía fin, excepto para algunos iniciados que sabían que, tras la inmensidad del océano, existían otras tierras, otras gentes y otras culturas, algunas de ellas quizá muy ligadas en tiempos remotos a nuestra propia cultura.

Este será el caso, por ejemplo, de los caballeros templarios, que podemos casi asegurar que conocían la existencia del continente americano, e incluso llegaron a él en diversas ocasiones y volvieron a su principal puerto (La Rochelle, Francia) llenos de ese oro y plata que en muchas ocasiones ha sido tema de debate por su misterioso origen.

En realidad, en el Finisterre, el sentido de tiempo que tenemos en la actualidad, desaparece. Recuerdo que la primera expresión que me vino a la mente al llegar a ese extraño lugar, fue: eternidad. Ignoro el por qué, pero había algo allí que me llenaba el corazón de un extraño temor ancestral, quizá muy parecido al que sintieron los aguerridos legionarios de Decio Bruto cuando llegaron al mismo lugar. Esta masa rocosa era para los antiguos todo un misterio, pues podían observar cómo por allí moría cada día el sol, el mismo que al día siguiente renacía. ¿No era, y todavía es, el conocimiento de la muerte y la posterior resurrección, lo que siempre ha buscado el hombre? Quizá en tan agreste lugar, alguno de los buscadores alcanzó el conocimiento, viendo desaparecer, morir el sol durante algunas horas.

Sabemos que los celtas, ese pueblo misterioso y arcano, empapado de la sabiduría antigua que los druidas les transmitían, ofrecían en este lugar, junto al "mar de los muertos", en el momento del ocaso, sacrificios de animales, y quizá, en algún caso también humanos.

Estos ceremoniales y sacrificios, según algunos autores, estaban destinados a la fecundidad, y se dice que aún por los alrededores se pueden observar extrañas piedras que sirvieron de altar amoroso para relaciones mágico-sexuales, entre gentes que esperaban ver pasar mágicas y míticas ballenas, portadoras de arcanos mensajes perdidos en el fondo del mar.

Es verdaderamente interesante perder algunas horas

para ver ponerse el sol en este lugar, recordemos el más occidental del continente.

Vista de Finisterre

En ese momento se respira en el ambiente algo, quizá empapado de brisa marina, que nos confirma que hemos llegado realmente al final (¿quizá el principio?) de un camino mágico que ha sido recorrido por millones de personas y que, como premio a sus penalidades y sacrificios de meses y, en algunas ocasiones, de años, han tenido como recompensa la visión de este "mar siniestro", y han notado bajo sus pies las energías que la madre tierra desprende al final del Camino de las Estrellas: Finisterre.

EL CAMINO CÁTARO DE SANTIAGO, ESE GRAN DESCONOCIDO

Tal como dijimos en el prólogo de este libro que tiene usted en sus manos, hemos decidido incluir en este trabajo, y como si fuera un "libro dentro de otro libro", casi para leerlo a parte, un capítulo dedicado al Camino cátaro que, durante casi tres siglos, realizaron esos herejes tan populares actualmente en casi todo Europa occidental, pero tan poco conocidos en España.

Pensemos que la herejía cátara en nuestro país se extendió desde Cataluña, su núcleo principal en tierras hispanas, hasta León por el norte y Sevilla por el sur. Habiendo muchos de ellos sido asesinados, tanto por algunos monarcas, principalmente Jaime II de la Corona Aragonesa, como por algunos reyes castellanos.

Este capítulo, sobre un tema importante pero inédito en tierras españolas, esperamos que sea tratado como lo que es y, repetimos de nuevo, "un libro dentro de otro libro", que pueda aportar conocimiento sobre los cátaros en tierras jacobeas.

No encontrará usted, se lo podemos asegurar, ningún libro en español que dedique una parte de él al ramal conocido como "El Camino cátaro de las estrellas o de Santiago".

Deseamos que esta pequeña parte de la historia jacobea le ayude a conocer este aspecto inédito de nuestra historia.

El ignorado "Camino cátaro" de Santiago, o, lo que es lo mismo, un pequeño libro dentro de otro libro más extenso y una introducción a un ramal jacobeo apenas estudiado.

Casi todos al escuchar o mencionar el Camino de Santiago lo asocian, como es lógico y hemos descrito en la primera parte de este libro, al llamado "Camino Francés" o "Camino Clásico" del que tanto se ha escrito y hablado, y que es, en general, el que actualmente recorren los cientos de miles de modernos peregrinos que efectúan cada año la Ruta Jacobea.

Sabemos que eran diversos los ramales, sin contar otros caminos de gran importancia como el de La Plata, el segundo en importancia, los que se dirigían a Compostela, en muchas ocasiones para unirse en un momento dado al clásico Camino de las Estrellas.

Uno de los menos conocidos actualmente pero que, durante el Medievo fue muy transitado por miles de peregrinos, era el que viniendo de las belicosas (por la guerra con Francia) tierras occitanas recorre gran parte de las tierras pirenaicas de Girona y Lleida hasta llegar a las tierras aragonesas de Huesca.

Por su ubicación y recorrido este ramal jacobeo fue, además, lugar de paso y de asentamiento de los herejes cátaros que durante más de dos siglos florecieron en el Languedoc y sufrieron una de las peores cruzadas (verdadero genocidio) que se dieron en Europa, la cual acabó convirtiéndose en un verdadero genocidio por parte de las autoridades eclesiásticas.

Este ramal, conocido por muchos como el "Camino cátaro" debido a la gran cantidad de seguidores de dicha herejía que en él habitaron o transitaron, empieza para muchos en la fronteriza, y cada vez más turística y desnaturalizada población de Font Romeu, nombre que por sí mismo ya nos indica su profundo origen peregrino ya que en español significa "Fuente del Romero" (o peregrino).

Aunque antes de continuar queremos indicar que hubo un "Camino cátaro" menor y que empezaba en el gerundense y turístico Empordà, un camino que, promocionado hace décadas por la Generalitat catalana, se popularizó, incluso con libros editados por el Gobierno autonómico catalán, pero, que, en todos ellos, se olvidaron citar a los cátaros.

Nos referimos al que nacía en el espectacular monasterio de Sant Pere de Roda (Costa Brava norte, junto al Cap de Creus). El "Camino jacobeo de Sant Pere de Roda", que, lógicamente, se dirigía a tierras aragonesas tras unos pocos cientos de kilómetros de recorrido, transcurría por algunos enclaves que sabemos con total seguridad que contaron con sus pequeños núcleos de herejes cátaros.

No olvidemos que, pese a los cambios geopolíticos que sufrió la zona desde la Edad Media, principalmente en el belicoso siglo XVII, por ejemplo, la apropiación de grandes extensiones de territorio catalán por parte de los franceses (Rosellón, Conflent y otras comarcas de la llamada "Cataluña francesa"), relativamente cerca se encontraba la zona cátara francesa por excelencia.

Aunque ha sido muy poco estudiado el tema, y mucho menos publicado para el público en general, podemos poner como ejemplo la actualmente ruinosa, pues solo quedan restos y mucha cerámica por los suelos, iglesia-cárcel de Puig Miralles (entre la marítima población de Llançà y la carretera a Figueres), a pocos kilómetros del Sant Pere de Roda. Edificada en la Edad Media sobre una antigua fortificación (casi con toda seguridad una atalaya defensiva y de vigilancia) que fue ibérica, romana y posteriormente, hasta el siglo VIII, visigoda, se levantó un edificio, del que no se conocen imágenes ni dibujo alguno, pero sí documentación escrita, en la que se encerraba a los monjes considerados sodomitas de Sant Pere de Roda, Vilabeltrán y Sant Quirçe de Colera, junto a, según las fuentes escritas, " herejes cátaros" que vivían o trascurrían por la zona (antigua calzada romana todavía hoy visible en algunos tramos por La Valleta). Incluso alguno de los pocos investigadores que han estudiado el tema, piensan que estos cátaros encarcelados fueron visitados en algún momento por el mal llamado "último gran cátaro" o "bon home", Guillermo de Belistate (1280-1321) el cual, proveniente de tierras occitanas, recorrió bastantes territorios actualmente españoles. A Belibaste se le considera el última "gran líder cátaro" y un ejemplo de "bon home "("Hombre bueno" como se autodefinían muchos cátaros), aunque, recientes estudios históricos nos presentan a una persona que, entre otras cosas, por varios lugares hispanos por los que pasó y predicó, dejó hijos no reconocidos. Incluso en una ocasión y con uno de sus hijos, culpabilizó de dicha paternidad, a sabiendas que era mentira, a su "discípulo preferido". Dejando de lado la moral del famoso predicador cátaro occitano, sabemos con toda seguridad que anduvo por bastantes territorios o ramales jacobinos que transcurrían por tierras catalanas y valencianas, y que, casi con toda seguridad visitó a los cátaros encarcelados a pocos kilómetros de donde nacía el desde hace unas décadas, famoso "Camí de sant Jaume" (Camino de san Jaime) de la Costa Brava, que se dirigía a unirse a otro ramal jacobino mucho más importante. Como simple curiosidad diremos que, esta iglesia-cárcel, situada sobre la inmensa mole de Puig Miralles, se encontraba, como tantas otras veces al hablar de enclaves heréticos y jacobeos, a pocas horas a caballo de la encomienda templaria de Castelló de Ampurias, situada en el actual "Puig dels Cavallers" (Colina de los Caballeros)

Pero, hecho este apunte jacobeo por tierras ampurdanesas, volvamos a Font Romeu, donde lo habíamos dejado. Según cuenta una piadosa tradición, dicha fuente apareció milagrosamente cuando un peregrino, posiblemente francés, que se dirigía a Compostela, llegó al lugar casi muerto de sed. Viendo que estaba casi a punto de expirar debido a la falta de agua imploró a la Virgen (otros dicen que a Santiago), e inmediatamente apareció de la nada la preciada fuente que da nombre a la turística población.

Seguidamente el ramal sigue hacia la población de Puigcerdà, el más importante enclave de los caballeros del Temple en aquella zona pirenaica durante décadas[6].

La Orden tuvo destinado en dicho lugar a un bondadoso caballero que llegaría a ser considerado santo por aclamación popular (no reconocido por el Vaticano) y que pasaría a la historia como san Durán.

Este hombre, más monje que guerrero, dedicó gran parte de su vida a cuidar de los peregrinos jacobeos, y más que posiblemente también a los refugiados cátaros, tal como indica García Atienza, que llegaban de la cercana Occitania huyendo de las huestes papales y francesas.

Por el *cartulari* de la encomienda templaria de Gardeny sabemos que los caballeros tenían en dicha población y sus cercanías varias casas de hospedería, sin duda, albergues para peregrinos y herejes huidos del sur de Francia.

En la glamorosa Puigcerdà se levantó, hasta el año 1793 en que fue destruida por las tropas francesas, la igle-

---

6   Ver *Guía práctica de la Cataluña cátara y templaria*. Miguel G. Aracil. Editorial Bastet

sia de Rigolisa, que, según una leyenda recogida por el investigador Rafael Gay de Montellá, fue construida por el mismísimo Santiago en un viaje de peregrinación que realizó el propio apóstol a Compostela, y de aquí que durante siglos se conociera el lugar como sant Jaume (Jaime) de Eragolisa.

También en dicha localidad, y según nos cuenta el incansable escritor, geógrafo y cartógrafo de origen leonés Fernando Ledesma Rubio, que se afincó en la zona y dedicó varias décadas al estudio histórico y cartográfico de aquellas comarcas, se levantó la iglesia de sant Bartomeu, sin duda, el edificio principal de los templarios en aquellas comarcas, y que tuvo su propio hospital en el que también se cobijaron tanto peregrinos jacobeos como cátaros heridos, enfermos o simplemente huidos de la mal denominada Cruzada Albigense.

Por la misma zona se levantó en la Edad Media la iglesia jacobea de Sant Jaume de Escadarc, de la que actualmente poco se conoce.

No lejos se levantan dos imponentes montañas, el magnífico y telúrico (y brujeril durante siglos) Cadí, uno de los montes más impresionantes de toda Cataluña, y el misterioso Pedraforca, verdadero crisol de herejes y heterodoxos desde tiempos inmemoriales.

En los diferentes pueblos que se levantan en sus faldas, como el precioso enclave de Josa del Cadí o Tuixén en la sierra del Cadí, o Gòssol en el otro monte, los núcleos y familias cátaros eran tan abundantes que, incluso, y tal como asegura el historiador barcelonés Jordi Ventura (una verdadera autoridad en el tema), tuvieron sus propios diáconos, principalmente en Josa. Algunos creen que, el famoso predicador cátaro Belisbaste, del que ya hemos hablado anteriormente en este mismo capítulo, se alojó (y predicó) un corto periodo de tiempo en aquellas aldeas, en casa de algunos cátaros que allí habitaban y predicaban.

Siguiendo la carretera que desde Puigcerdà se dirige hacia tierras leridanas y andorranas, encontramos la pequeña y recoleta población de Saga, pequeño pueblo que remonta como mínimo sus orígenes al siglo IX.

Durante las sangrientas pugnas, de hecho, batallas en muchos casos, entre la Iglesia y los herejes cátaros, algunos de los señores de Saga no solamente dieron cobijo a los herejes, sino que, como mínimo uno de ellos, contemporáneo del noble cátaro Arnau de Castellbó, consejero y hombre de confianza del mismísimo rey Jaime I el Conquistador, se unió al famoso, belicoso y controvertido noble Guillem de Bergada (1130-1196), conocido en sus tiempos como "El Trovador de Berga", declaradamente procátaro, y que no eludía empuñar su espada para defender la herejía. Con sus huestes y la ayuda de algunos cátaros llegados del Languedoc devastaron un buen número de pueblos e iglesias de la comarca ceretana (Girona) y del Alt Urgell (Lleida) leales a la Iglesia. De hecho, el recuerdo (y los documentos históricos) de los cátaros en aquel ramal jacobeo desmiente totalmente la falsa idea (casi un tópico entre algunos) de unos cátaros pacíficos, siempre fraternales y que odiaban la violencia.

No fue, ni mucho menos, esta la única ocasión en que seguidores extremadamente belicosos del catarismo sembraron el terror en aquellas tierras peregrinas, pues como bien indica el leonés geógrafo Ledesma Rubio en uno de sus libros sobre dichas comarcas, en la última década del siglo XII supuestos (o reales) seguidores del catarismo habían atacado y destruido, como mínimo, las poblaciones e iglesias de Sant Juliá de Pedra y Basnanit. Algún otro estudioso lo hace extensivo a las iglesias románicas de Estana y Ro, todavía en pie y que se pueden visitar exteriormente

En la misteriosa y heterodoxa población de Saga, y concretamente en el magnífico (y hermético, además de simbólico) portal románico de su iglesia románica de Santa Eugenia, se pudieron reunir durante décadas los cátaros ceretanos.

En este enclave, que tuvo de residentes un pequeño grupo de cátaros, existen unas misteriosas figuras esculpidas que algún olvidado maestro picapedrero dejó como críptico mensaje para quién supiera leer ese misterioso leguaje de las piedras que también encontraremos, en algún caso con un parecido asombroso, en otros muchos enclaves jacobeos de Aragón, Navarra y tierras leonesas.

Continuaremos nuestro camino hacia la ahora turística y hace siglos casi abandonada (lo estuvo durante muchos años debido a los enfrentamientos entre cátaros y católicos, pues fue varias veces saqueada por los primeros, lo que provocó su desertización humana) Bellver de la Cerdaña, donde se encuentra otra recoleta iglesia bajo la advocación de Santiago (sant Jaume) y que fue visita obligada para los peregrinos de dicho ramal.

Esta población fue durante el siglo X una simple fortaleza, casi con total seguridad edificada sobre una muy anterior, quizá visigoda y antes de los pueblos ceretanos.

Durante los siglos XII y principalmente durante el transcurso del XIII, un buen número de cátaros provenientes del sur de Francia (algunos incluso dicen que también hubo italianos, aunque no está comprobado) se afincaron en la población y sus cercanías, protegidos prin-

cipalmente por los poderosos y feudales señores de Castellbó, declaradamente cátaros, al igual que muchos de sus
súbditos y guerreros de su bien formada y feroz mesnada.

Algún investigador, como por ejemplo Jordi de Graus,
llega a asegurar que este pueblo fue repoblado casi en su
totalidad (sobre un ochenta por ciento) por seguidores del
catarismo provenientes algunos de Foix y de Carcassone.

Como recuerdo peregrino, todavía hoy podemos observar, en medio del pueblo, una sólida capilla perfectamente
conservada que está dedicada al santo peregrino por anto-
nomasia, san Roque, quien nos muestra su pierna herida,
símbolo del secreto compañerismo, y a su fiel perro. Una
imagen muy parecida, pero de principios del siglo XV se
puede observar perfectamente en el claustro del antiguo
hospital de la Santa Creu i Sant Pau de la Ciudad Condal.

Se puede asegurar que, los cátaros, así como los peregrinos jacobeos que por allí andaban, estuvieron presentes
en el santuario de la Virgen de las Cuadres, del que Ledesma Rubio y Hug de Sant Hou dicen que "en aquel lugar
sagrado se daba asilo y protección , además de confortar
física y espiritualmente, a los peregrinos que seguían el
Camino de las Estrellas y la Vía Láctea, camino de Compostela" (Ledesma Rubio) a lo que añade Sant Hou: " Sin
cerrar la puerta a otros creyentes, aunque fueran herejes,
que por allí caminaban" (se refiere, sin duda, a los cátaros
y, tal vez a los escasos valdenses).

Siguiendo la actual y modernizada carretera llegaremos
al bonito y muy turístico pueblo de Prulláns, casi con seguridad enclave templario, y que todavía conserva en su
antiguo escudo municipal la cruz del Temple.

Nuestro particular camino continúa y nos lleva hacia
la populosa población de la Seu de Urgell, ya en plenas

tierras leridanas (recomendamos visitar los dos claustros, uno medieval y alquímico, otro moderno, con imágenes tan extrañas para un claustro como las de Franco, Mussolini, Charlot, los hermanos Marx o Marilyn Monroe entre otros personajes en sus capiteles).

Esta antiquísima población había visto anteriormente pasar por sus tierras a los peligrosos, para la Iglesia, herejes adopcionistas y principalmente a los seguidores del pragmático heresiarca Feliu de Urgell que, al parecer, o con toda seguridad, construyeron un gran y recio templo entre esta población y los cercanos y entonces poco habitados valles andorranos (siglos VIII y IX), repoblados por entonces con vikingos apresados por los reyes francos y llevados en muchos casos allí como colonos. Se han encontrado algunos enterramientos de esta gente en aquella zona casi desconocida para muchos.

La recia, impresionante y fortificada catedral de esta localidad es un claro ejemplo de la arquitectura medieval que encontraremos durante todo el Camino Jacobeo, aunque se remonta en sus orígenes a un templo del siglo IV. La levantaron los poderosos (y en muchas ocasiones, belicosos) obispos de la Seo de Urgel para defenderse de los ataques que los cátaros de aquellos andurriales realizaban contra la Iglesia católica (consultar el extenso trabajo *Los misterios de las catedrales catalanas* publicado por Editorial Bastet)

El gran número de habitantes de la Ariége y Occitania en general que escapando de la cruzada cátara y la guerra llegaban a dicha población hizo que durante los siglos XII y XIII su población aumentara considerablemente.

Algunos de estos huidos llegaron por los peligrosos (por la geografía, el clima y los salteadores) puertos de montaña de Andorra, en cuyos valles algunos se afincaron, dedicándose principalmente al comercio textil.

Pasada la importante y fronteriza población de la Seo de Urgell, que tuvo un importante hospital para peregrinos, muy posiblemente cerca de la bonita iglesia de Sant Miquel (antes Sant Pere) nos adentramos en lo que fue el principal feudo del poderoso vizconde Arnau de Castellbó y su valiente, hermosa y leal hija Ermessenda, que casó con el poderoso Conde de Foix.

Tanto el padre como la hija fueron incondicionales defensores del catarismo, hasta el punto que es más que posible que ambos fueran miembros destacados de dicha herejía.

Arnau de Castellbó fue el más ardiente e importante noble defensor del catarismo que existió en todos los reinos hispanos. No dudó en empuñar las armas repetidamente para defender a sus súbditos que habían abrazado dicha herejía y que estaban siendo perseguidos por la Iglesia. Luchó repetidamente contra las autoridades papales y obispales de la zona. En sus vastos dominios, que se extendían por diferentes comarcas se asentaron el mayor número de cátaros que haya existido en tierras españolas.

Su carismática hija, Ermessenda, al morir su padre, siguió los pasos de este y defendió con toda su energía a los muchos herejes que habitaban sus extensos y numerosos feudos. Fallecido el noble caballero el año 1226, fue enterrado en el impresionante priorato de Santa María de Costoja, perteneciente por entonces a los caballeros del Hospital. Algunos años más tarde moriría también su hija, la cual ordenó, antes de fallecer, que su cuerpo, aunque condesa de Foix por su enlace matrimonial, fuera humildemente enterrado junto al de su amado padre.

Lógicamente, la rencorosa Iglesia jamás perdonó la decidida defensa a ultranza que padre e hija hicieron de los herejes durante años, por lo cual, casi cuatro décadas después de la muerte de la noble mujer, la Inquisición, dirigida por el tétrico (por mucho que lo quieren blanquear algunos) Raymond de Penyafort, santificado más tarde, decidió profanar sus sepulturas, quemar sus restos, lanzar al aire sus cenizas y excomulgarlos "post mortem" a ambos, al igual que a la noble Arnalda de Caboet esposa del vizconde hereje y madre de Ermessenda, aunque en este caso se respetó el cadáver.

Los crueles inquisidores que llevaron a cabo dicha profanación, de nombre Pere de Cadireta, con fama de sádico, y Guillem de Calonge fueron atacados por los antiguos súbditos de la pareja, siendo al parecer asesinado uno de ellos por la indignada gente de Castellbó.

Todavía hoy, y pese a la pérdida del esplendor que tuvo hace siglos dicha población, pueden observarse en la fachada de la antigua colegiata de Santa María de Castellbó los rostros esculpidos de padre e hija, así como algunos símbolos cátaros como la rosa o el sol y la luna. Para los aficionados a la simbología medieval recomendamos dar un buen repaso a las imágenes líticas que allí se conservan.

Sigue la ruta hacia la populosa (principalmente en otoño, en plena temporada de setas) localidad de Organyá, dónde se encontraron las famosa *Omilíes de Organyà*, los textos en catalán más antiguos que se conocen. Estos documentos, según parece, pudieron ser unos textos religiosos de origen cátaro, como algunos especialistas, entre ellos Dalmau Ribalta o, el siempre misterioso (se dice que fue asesinado y yo me lo creo, pues hablé con él la noche anterior a su muerte) Agustí Andreu, sospechan ya que contienen expresiones puramente cátaras como *melharier* o *servisi* utilizados en los rituales cátaros.

En esta población encontramos un enclave jacobeo que guarda todavía un topónimo que recuerda a los antiguos peregrinos: Font Bordonera, en clara referencia al clásico bordón, herramienta y arma a la vez que era y sigue siendo utilizado por la mayoría de peregrinos jacobeos. Cerca se encuentra el telúrico santuario románico y antaño lugar de peregrinación de la Santa Fe, que parece presidir la zona desde su privilegiada situación.

Poco después llegaremos a la carretera que se adentra en el boscoso Coll de Nargó, situado a 753 metros de altitud y que según Ledesma debe su nombre a Coll (Collado) y la contracción "Nargó" (*Anar a Aragó*), es decir, "ir a Aragón", como referente indicativo de su dirección hacia el Camino jacobeo aragonés.

En este espectacular lugar, empieza una carretera que se dirige a tierras de Huesca y de allí a Compostela.

En Coll de Nargó se encuentra uno de los templos más impresionantes y extraños por su arquitectura del románico y prerrománico pirenaico: Sant Climent. Fue refugio para peregrinos

Desde allí y por el antiguo camino, actualmente carretera, encontraremos un gran número de enclaves sincretizados y que nos hablan de antiguos cultos y divinidades como Sant Sadurní (Saturno), Serni o Corneli, todos ellos antiguos sincretismos sagrados que también podremos observar en otras partes del Camino Jacobeo, así como una de las mayores concentraciones de megalitos, principalmente dólmenes, de toda Cataluña: Valldearcas (Valle de dólmenes o "arcas").

La ruta nos llevará a Tremp, dónde volvemos a encontrar nombres o topónimos que nos hablan del paso de gente proveniente de Francia, como la "torre gabaxa" o de peregrinos, como la de San Roque, ambas fortificaciones actualmente desaparecidas, pero que formaron parte de sus murallas. También el puente de origen románico de Sant Jaume, que tuvo cerca una pequeña iglesia y un hospital o albergue para pobres y peregrinos dedicados ambos a la figura de Santiago (o Sant Jaume).

Iglesia de Sant Climent

Camino de Aragón y siguiendo el camino nos encontramos con una misteriosa construcción fortificada o castillo en lo más alto, Montllobat (1060 metros) y el Coll de Sant Miquel, donde casi con toda seguridad existió un antiguo enclave pagano, más tarde puesto bajo la advocación de dicho santo.

Seguidamente el camino continúa por tierras aragonesas, atravesando la histórica y jacobea durante siglos población de Benabarre, Torres del Obispo, que tuvo un antiguo refugio para peregrinos y todavía hoy celebra como fiesta mayor el día de Santiago, Graus, con su Virgen de la Peña, Enate, que nos recuerda por su nombre al jacobeo y templario enclave de Eunate, Barbastro y finalmente la ciudad de Huesca. Desde allí seguían hacia Jaca para conectar con el Camino Francés o de las Estrellas.

Jamás sabremos la cantidad de cátaros que discurrieron por este ramal jacobeo, tan poco estudiado por los especialistas.

CAMINO DE HEREJES: LOS CÁTAROS Y OTROS HEREJES HISPANOS, ESOS QUE TAN POCO GUSTA DE RECORDAR A NUESTROS HISTORIADORES.

Aunque en tierras españolas fueron Cataluña y, en menor número, el norte de Valencia dónde habitaron más cátaros, también sabemos con seguridad que por tierras de León y Burgos y, tal vez, la Rioja, se expandieron estos herejes, quienes, sin ningún tipo de dudas, llegaron por este "Camino cátaro" a dichas zonas, situadas también, y no creemos que fuera por simple casualidad, en plenas tierras jacobeas.

El antiguo camino que unía las tierras occitanas con el más importante centro peregrino de toda Europa, Santiago de Compostela, era un lugar muy importante para todo tipo de pensamientos heréticos que veían en aquella verdadera autopista mística un lugar propicio para fomentar sus ideas religiosas entre los miles de peregrinos que acudían de toda la cristiandad a postrarse ante el apóstol.

Pensemos que antes del descubrimiento oficial del Camino de Santiago, ya una parte de los herejes adopcionistas que seguían los dictámenes de Feliu de Urgell y se expandieron por el norte peninsular lo hicieron siguiendo aproximadamente el mismo trayecto.

Pero también otros herejes vieron ese camino como única vía de escape de la Iglesia o de infiltración en otros reinos. Así, cuando a finales del siglo XII el rey Pedro el Católico dio órdenes de expulsar a los conocidos como valdenses que habitaban en sus territorios, entre los que podemos mencionar a los *ensabatats*, posiblemente una rama catalana de los valdenses, una buena parte de ellos, situados en tierras pirenaicas o del Rosellón, en aquel tiempo de soberanía catalana, siguieron el mismo camino que los peregrinos jacobeos.

Intentando de esta manera llevar su herejía a tierras castellanas y leonesas, siguiendo el mismo itinerario que los peregrinos que se dirigían bien a Compostela o bien, una mínima parte que sabía que aquel Camino era algo más que una ruta jacobea, hasta el misterioso Finisterre.

Nota: Si bien muchos, miles, sin duda, herejes siguieron el Camino de Santiago esperando encontrar, tras dejar el reino de Aragón, una vida mejor y más libre para sus doctrinas, comprobaron que en Castilla y León el fanatismo religioso era igual o peor. Un ejemplo sería el del rey Fernando III llamado el Santo que el año 1232 mandó meter en calderos hirvientes a varios de los herejes cátaros que encontró en sus tierras.

MAPA DE LOS DIFERENTES
CAMINOS DE SANTIAGO DE ESPAÑA

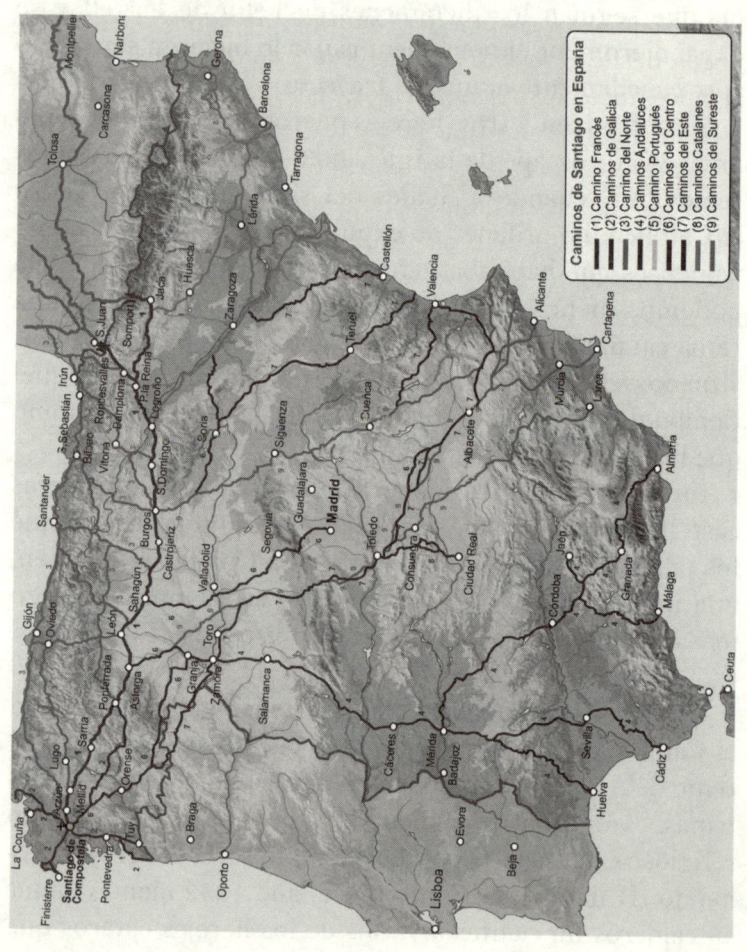

EPÍLOGO

Bien, amigo lector, ya estamos llegando al final de esta Guía Mágica y práctica del Camino que hemos recorrido juntos, desde el turístico Puigcerdà y alrededores[7] hasta el siempre misterioso Finisterre o Fisterra.

Hemos intentado que la parte descriptiva de la obra haya sido lo más amena posible; por esa razón en muchos casos no he llenado hojas y hojas describiendo un capitel o la cristalera de un rosetón, pues su mensaje lo ha de descubrir cada cual por sí mismo, de igual manera, y que me perdonen los expertos en simbología, que un símbolo

---

7   En una de las variantes jacobeas por tierras catalanas, de la que ya hemos hablado anteriormente con respecto a los herejes cátaros, concretamente la que, en uno de sus subramales procedía del interior y atravesaba una zona boscosa de Lleida, podemos encontrar un extraño lugar que fue colegiata desde el siglo XI, y en cuyos alrededores, que con toda seguridad formaron parte de una necrópolis medieval, encontramos, medio enterradas, un buen número de lápidas, todas ellas con extraños símbolos, que nos recuerdan mucho las losas sepulcrales del cementerio de Noya. Este lugar es conocido por Colegiata o Monasterio de Sant Pere, y está situado en la conocida (por estar a medio camino de Andorra) localidad de Ponts. En algunas de las piedras trabajadas se pueden apreciar curiosos símbolos como ruedas solares, huellas de calzado (quizá pies) y otros signos que nos hablan de un arcano difícil de interpretar.
En los últimos años, el monumento ha sido muy bien restaurado, e incluso existe una fuente que brota de un enorme monolito en forma de menhir. Como podemos suponer, quizá tuvieran estas lápidas una función parecida a sus semejantes de Galicia. No olvidemos que Ponts está situado a una jornada a pie de Coll de Nargó, lugar jacobeo que antes hemos mencionado y que forma parte del Camino cátaro de Santiago..

puede tener diferentes significados para una persona que para otra, al igual que pasa con la simbología onírica (los sueños). No he dado direcciones de albergues u hospederías, pues esta guía (ya lo dije anteriormente) va dirigida al hombre o la mujer que desea hacer el Camino, pero que no puede darse el lujo (por tiempo, ganas, o preparación física) de hacerlo a pie. Para quien quiera hacerlo a la vieja usanza, ya encontrará en la bibliografía una referencia a los libros que le serán útiles.

Yo aconsejo, amigo lector, que si tiene diez o doce días (como mínimo) libres, emprenda el Camino, desde Puigcerdà si vive en Cataluña, o desde el punto más cercano dependiendo de donde habite. Es una experiencia única, y que siempre quedará en su memoria. En mi cerebro aún quedan (y no creo, ni deseo que se borren) las imágenes de San Juan de la Peña, donde las fuerzas telúricas casi pueden verse; la imagen un tanto tétrica del templo de Eunate, guardando su secreto, esperando que alguien desvele su arcano; de mi estancia de casi una hora en la iglesia de Torres del Río, donde lo real se convierte en fantasía; las cristaleras de la catedral de León, un libro para quien quiera leerlo'; la primera visión de las torres compostelanas, premio al esfuerzo que vale la pena realizar, o las primeras sombras que caen sobre el impresionante Finisterre, final del Camino, y principio de tantas cosas. En fin, son muchas las imágenes que se graban en nuestro interior y, por encima de todo, la sonrisa llena de paz y sabiduría de aquel suizo que a sus setenta años emprendió el Camino a pie desde Zúrich, en busca de algo que no supo (o no quiso) definir, y los pies llenos de sangre y heridos de una peregrina alemana que llevaba al llegar al Alto Do Pico más de dos meses de dura marcha, para cumplir una promesa (ella que se reconocía protestante); en fin, una experiencia que solo puede comprenderse después, cuando ya has terminado; cuando piensas en lo que has visto, sentido e incluso aprendido, solo puedes decir la misma frase que acude a tu mente al ver la catedral compostelana y principalmente su Pórtico de la Gloria: ¡ha valido la pena!

El autor, que también fue peregrino por tierras jacobeas y, buscó lo que muchos buscadores han intentado encontrar en el *Camino entre los Caminos.*

MIGUEL G. ARACIL

BIBLIOGRAFÍA COMENTADA Y RECOMENDADA

En el transcurso de este libro ya dijimos que al finalizar daríamos una bibliografía sobre el tema, haciendo una pequeña reseña (del todo personal) sobre dichas obras.

Son cientos los libros que se han escrito sobre el Camino, pero algunos son muy difíciles de encontrar, otros se hicieron desde un punto de vista religioso-político (principalmente los escritos entre 1940-1966) acordes con la ideología política del momento, y otros desgraciadamente no han sido traducidos al castellano, ni a ninguna de las lenguas oficiales de nuestro país. Por todo ello solo mencionaremos los que pueden ser de interés y que además se pueden encontrar fácilmente, bien en librerías de temática general, bien en las especializadas.

Si el lector interesado en los temas esotéricos y mágicos del Camino espera encontrar en la ciudad de Santiago mucha bibliografía sobre el tema, desengáñese, pues en "casa del herrero, cuchillo de palo"; yo estuve toda una mañana dando vueltas por la bella ciudad compostelana, y apenas encontré libros que no fueran las típicas y facilonas guías turísticas para el viajero.

El orden en que está la siguiente relación de libros, se debe sencillamente al grado de interés que, siempre según un prisma totalmente personal, creo que tienen dichas obras.

El Camino de Santiago, guía del peregrino, de Elías Valiño y equipo, editado por Everest. Es sin duda la mejor guía para el peregrino que se interesa por hacer el camino a pie.

Su cartografía y sus mapas son completísimos y es indispensable para todo aquel peregrino que tenga la fuerza y el valor de recorrer casi novecientos kilómetros por lo que queda del viejo Camino, que esta obra termina lógicamente en Santiago de Compostela. No busque el lector en esta obra perfecta, lo repito, como obra cartográfica, ni la más mínima referencia a ningún tema relacionado con el mundo esotérico.

El Camino Iniciático de Santiago, de Juan Pedro Morín y Jaime Cobreros. La mejor obra, sin duda, sobre el tema del Camino visto desde un punto de vista iniciático y de la simbología. Los autores se recrean en el estudio de los símbolos y describen extensamente el significado de estos y su mensaje esotérico, siempre desde su punto de vista. Editado por Ediciones 29, se han publicado varias ediciones. Libro indispensable para el estudioso de la simbología esotérica.

Segunda Guía de la España mágica, de Juan García Atienza. En la línea de sus guías mágicas, muy bien documentadas y amenas. Publicada por Martínez Roca.

El Misterio de Compostela, de Charpentier, libro interesante y atrevido en el que se repiten algunos fallos y en el que hay algún capítulo donde tengo la vaga sensación de que el autor toca de oído, pues vuelve a referirse a las lápidas del cementerio de la iglesia de Santa María la Nueva con el nombre de iglesia de San Francisco, fallo que repiten otros autores. Fue editada por Plaza y Janés y es una interesante lectura.

El Enigma del Camino de Santiago, de Pedro de Frutos, libro interesante y que trata, de manera un tanto especulativa, los diferentes misterios históricos y parahistóricos del Camino. Su lectura la recomiendo, pues es uno de los libros más extensos sobre el tema, escrito por un autor español, Editado por A.T.E.

Guía del Peregrino Medieval (Codex Calixtinus) traducción del célebre libro medieval, introducción y traducción de Millán Bravo Lozano, editado por el Centro de Estudios del Camino de Santiago (Sahagún). De interesante lectura por describirnos el Camino, en plena Edad Media, un hombre que lo vivió en persona.

El Camino de Santiago, de Yves Bottineau, de ediciones Orbis, es un estudio completamente "oficialista" del Camino en él no tienen cabida los templarios, la simbología ocultista ni cualquier tema que se desvíe de la más pura Historia "ortodoxa". Su lectura es interesante para compararla con los libros que nos cuentan "la otra historia" del Camino.

El Camino de Santiago en Navarra, de varios autores, editado por el Gobierno Foral navarro, es interesante su adquisición en la misma comunidad autónoma, su precio es casi un regalo y sus fotografías y el papel de gran calidad.

Santiago de Compostela, de Ediciones Orbis, escrito por Antonio Bonet Correa, se publicó en la colección "El Universo del Espíritu" y aunque poca información nueva aporta al Camino, por su formato, sus fotografías, y algunas referencias a las poblaciones del Camino, sumado a su fácil adquisición, también es interesante de consultar.

Rutas jacobeas, de Eusebio Goicoechea, un gran investigador del Camino, publicado por "Amigos del Camino de Santiago", apartado postal 20 de Estella (según algunos, es el libro de cabecera del Peregrino). Para terminar, decirle al lector que la Diputación Provincial de La Coruña publicó un librito en 1989 en el que se incluye gran número de direcciones y teléfonos sobre refugios, hospitales y albergues en el Camino. La dirección de dicha Diputación es Alférez Provisional, sin número, La Coruña 15001.

Esta ha sido la reseña de las publicaciones que, personalmente, creo interesantes para consultar, pero referidas especialmente al Camino, pero ya hemos dicho al principio del libro que daríamos también una pequeña relación de libros que pueden ser interesantes para ampliar el estudio de los temas paralelos que se tratan en este volumen, como por ejemplos la cultura celta, el Grial, o la parahistoria. La relación podría ser larguísima, pero nos vamos a limitar a dar algunos títulos que, por ser de fácil localización, creemos que son interesantes:

BIBLIOGRAFÍA GENERAL (POR AUTORES)

GERARD DE SEDE: *El misterio gótico*. Plaza y Janés.
GÓMEZ ALVITE, María José: *Ligonde y el Camino de Santiago*. Editorial Concello.
RAFAEL ALARCÓN: *A la sombra de los templarios*. Martínez Roca.

RAFAEL ALARCÓN: *La otra España del Temple*. Martínez Roca.

GARCÍA ATIENZA: *Guía de la España griálica*. Ediciones Arín.

GARCÍA ATIENZA: *La rebelión del Grial*. Martínez Roca.

MARIANO FONTRODONA: *Los Celtas y sus mitos*. Libro Ameno.

MIGUEL G. ARACIL: *Dioses, megalitos y fuerzas telúricas*. Ediciones Arbor.

MIGUEL G. ARACIL: *Paseo por la Catalunya mágica* (2°parte) Ediciones Arbor.

MIGUEL G. ARACIL: *Costumario de la Catalunya mágica y ancestral*. Ediciones Marré.

MIGUEL G., ARACIL. *Guía práctica de la Cataluña cátara y templaria*. Editorial Bastet.

MIGUEL G. ARACIL. *Pueblos malditos, ¿pueblos fantasma?* Editorial Bastet.

JULIUS EVOLA: *El misterio del Grial*. Plaza y Janés.

LOUIS CHARPENTIER: *Los gigantes y el misterio de los orígenes*. Plaza y Janés.

LOMS CHARPENTIER: *El misterio vasco*. Plaza y Janés.

PAUL POESSON: *El testamento de Noé*. Plaza y Janés.

CHRISTINE DEQUERLOR: *Las aves mensajeras de los dioses*. Plaza y Janés.

MAURICE GUINGUAND: *El misterio de Notre-Dame*. Martínez Roca.

KENNET RAYNER: *El misterio Fulcanelli*. Martínez Roca.

CHARLES SELLER: *En busca de Noé* (Un estudio sobre el Arca) Ed. Vergara.

J. MANUEL MINER: *Los pueblos malditos.* Espasa Calpe.

EL LIBRO DE LOS SIGNOS: *Recopilación.* Ediciones 29.

GEBU URDIZ: *La magia de las runas.* Martínez Roca.

GEOFFREY ASHE: *Los misterios de la Sabiduría Antigua.* Altalena. ANA LISTE: Galicia; brujería, superstición y mística. Penthalon ediciones.

ANDREAS FABER KAISER: *Las nubes del engaño.* Planeta.

FRANCISCO CONTRERAS GIL. *Guía mágica del Camino de Santiago.* Editorial Luciérnaga.

ÍNDICE